布袋和尚传说

# 布袋和尚传说

**总主编 金兴盛**

浙江省非物质文化遗产代表作丛书

浙江摄影出版社

周剑军 何 飞 主编

王月曦 编著

# 总 序

中共浙江省委书记
省人大常委会主任 夏宝龙

　　非物质文化遗产是人类历史文明的宝贵记忆，是民族精神文化的显著标识，也是人民群众非凡创造力的重要结晶。保护和传承好非物质文化遗产，对于建设中华民族共同的精神家园、继承和弘扬中华民族优秀传统文化、实现人类文明延续具有重要意义。

　　浙江作为华夏文明发祥地之一，人杰地灵，人文荟萃，创造了悠久璀璨的历史文化，既有珍贵的物质文化遗产，也有同样值得珍视的非物质文化遗产。她们博大精深，丰富多彩，形式多样，蔚为壮观，千百年来薪火相传，生生不息。这些非物质文化遗产是浙江源远流长的优秀历史文化的积淀，是浙江人民引以自豪的宝贵文化财富，彰显了浙江地域文化、精神内涵和道德传统，在中华优秀历史文明中熠熠生辉。

　　人民创造非物质文化遗产，非物质文化遗产属于人民。为传承我们的文化血脉，维护共有的精神家园，造福子孙后代，我们有责任进一步保护好、传承好、弘扬好非物质文化遗产。这不仅是一种文化自觉，是对人民文化创造者的尊重，更是我们必须担当和完成好的历史使命。对我省列入国家级非物质文化遗产保护名录的项目一项一册，编纂"浙江省非物质文化遗产代表作丛书"，就是履行保护传承使命的具体实践，功在当代，惠及后世，有利于群众了解过去，以史为鉴，对优秀传统文化更加自珍、自爱、自觉；有利于我们面向未来，砥砺勇气，以自强不息的精神，加快富民强省的步伐。

党的十七届六中全会指出，要建设优秀传统文化传承体系，维护民族文化基本元素，抓好非物质文化遗产保护传承，共同弘扬中华优秀传统文化，建设中华民族共有的精神家园。这为非物质文化遗产保护工作指明了方向。我们要按照"保护为主、抢救第一、合理利用、传承发展"的方针，继续推动浙江非物质文化遗产保护事业，与社会各方共同努力，传承好、弘扬好我省非物质文化遗产，为增强浙江文化软实力、推动浙江文化大发展大繁荣作出贡献！

（本序是夏宝龙同志任浙江省人民政府省长时所作）

# 前 言

浙江省文化厅厅长　金兴盛

要了解一方水土的过去和现在，了解一方水土的内涵和特色，就要去了解、体验和感受它的非物质文化遗产。阅读当地的非物质文化遗产，有如翻开这方水土的历史长卷，步入这方水土的文化长廊，领略这方水土厚重的文化积淀，感受这方水土独特的文化魅力。

在绵延成千上万年的历史长河中，浙江人民创造出了具有鲜明地方特色和深厚人文积淀的地域文化，造就了丰富多彩、形式多样、斑斓多姿的非物质文化遗产。

在国务院公布的四批国家级非物质文化遗产名录中，浙江省入选项目共计217项。这些国家级非物质文化遗产项目，凝聚着劳动人民的聪明才智，寄托着劳动人民的情感追求，体现了劳动人民在长期生产生活实践中的文化创造，堪称浙江传统文化的结晶，中华文化的瑰宝。

在新入选国家级非物质文化遗产名录的项目中，每一项都有着重要的历史、文化、科学价值，有着典型性、代表性：

德清防风传说、临安钱王传说、杭州苏东坡传说、绍兴王羲之传说等民间文学，演绎了中华民族对于人世间真善美的理想和追求，流传广远，动人心魄，具有永恒的价值和魅力。

泰顺畲族民歌、象山渔民号子、平阳东岳观道教音乐等传统音乐，永康鼓词、象山唱新闻、杭州市苏州弹词、平阳县温州鼓词等曲艺，乡情乡音，经久难衰，散发着浓郁的故土芬芳。

泰顺碇步龙、开化香火草龙、玉环坎门花龙、瑞安藤牌舞等传统舞蹈，五常十八般武艺、缙云迎罗汉、嘉兴南湖掼牛、桐乡高杆船技等传统体育与杂技，欢腾喧闹，风貌独特，焕发着民间文化的活力和光彩。

永康醒感戏、淳安三角戏、泰顺提线木偶戏等传统戏剧，见证了浙江传统戏剧源远流长，推陈出新，缤纷优美，摇曳多姿。

越窑青瓷烧制技艺、嘉兴五芳斋粽子制作技艺、杭州雕版印刷技艺、湖州南浔辑里湖丝手工制作技艺等传统技艺，嘉兴灶头画、宁波金银彩绣、宁波泥金彩漆等传统美术，传承有序，技艺精湛，尽显浙江"百工之乡"的聪明才智，是享誉海内外的文化名片。

杭州朱养心传统膏药制作技艺、富阳张氏骨伤疗法、台州章氏骨伤疗法等传统医药，悬壶济世，利泽生民。

缙云轩辕祭典、衢州南孔祭典、遂昌班春劝农、永康方岩庙会、蒋村龙舟胜会、江南网船会等民俗，彰显民族精神，延续华夏之魂。

我省入选国家级非物质文化遗产名录项目，获得"四连冠"。这不仅是我省的荣誉，更是对我省未来非遗保护工作的一种鞭策，意味着今后我省的非遗保护任务更加繁重艰巨。

重申报更要重保护。我省实施国遗项目"八个一"保护措施，探索落地保护方式，同时加大非遗薪传力度，扩大传播途径。编撰浙江非遗代表作丛书，是其中一项重要措施。省文化厅、省财政厅决定将我省列入国家级非物质文化遗产名录的项目，一项一册编纂成书，系列出版，持续不断地推出。

这套丛书定位为普及性读物，着重反映非物质文化遗产项目的历史渊源、表现形式、代表人物、典型作品、文化价值、艺术特征和民俗风情等，发掘非遗项目的文化内涵，彰显非遗的魅力与特色。这套丛书，力求以图文并茂、通俗易懂、深入浅出的方式，把"非遗故事"讲述得再精彩些、生动些、浅显些，让读者朋友阅读更愉悦些、理解更通透些、记忆更深刻些。这套丛书，反映了浙江现有国家级非遗项目的全貌，也为浙江文化宝库增添了独特的财富。

在中华五千年的文明史上，传统文化就像一位永不疲倦的精神纤夫，牵引着历史航船破浪前行。非物质文化遗产中的某些文化因子，在今天或许已经成了明日黄花，但必定有许多文化因子具有着超越时空的生命力，直到今天仍然是我们推进历史发展的精神动力。

省委夏宝龙书记为本丛书撰写"总序"，序文的字里行间浸透着对祖国历史的珍惜，强烈的历史感和拳拳之心。他指出："我们有责任进一步保护好、传承好、弘扬好非物质文化遗产。这不仅是一种文化自觉，是对人民文化创造者的尊重，更是我们必须担当和完成好的历史使命。"言之切切的强调语气跃然纸上，见出作者对这一论断的格外执着。

非遗是活态传承的文化，我们不仅要从浙江优秀的传统文化中汲取营养，更在于对传统文化富于创意的弘扬。

非遗是生活的文化，我们不仅要保护好非物质文化表现形式，更重要的是推进非物质文化遗产融入愈加斑斓的今天，融入高歌猛进的时代。

这套丛书的叙述和阐释只是读者达到彼岸的桥梁，而它们本身并不是彼岸。我们希望更多的读者通过读书，亲近非遗，了解非遗，体验非遗，感受非遗，共享非遗。

2015年12月20日

# 目录

在长江三角洲南翼的东海之滨，有一个人文荟萃、风光旖旎的好地方——奉化。奉化东临象山港，南与宁海县、象山县隔港相望，西接新昌县、嵊州市、余姚市，北与宁波市鄞州区接壤。总面积1349平方千米，其中陆地面积1253平方千米，海域面积96平方千米，海岸线长61千米，岛屿二十四个。

根据1989年境内茗山后遗址的发掘，奉化在新石器时代就有人类居住（《浙江省文物考古研究所学刊》，1993年）。秦汉至六朝时期，奉化属鄞县、鄮县（县治在今奉化白杜）。唐开元二十六年（738年）拆鄮置奉化县。其得名有"以民皆乐于奉承王化"等三说。元代元贞元年（1295年），奉化升州，明洪武二年（1369年）复为县，1988年改为市。县治自置县至今未变，在大桥镇（今锦屏街道）。2016年11月，撤市设区，为宁波市奉化区，全区人口48万。

奉化属东南丘陵地带，负山临海，有多种地形、地貌。其西部处天台山脉与四明山脉交接地带，多高山峻岭，最高峰976米；东北部地势平坦，河网纵横，土地肥沃，属宁奉平原，是水稻和经济作物重要种植区。奉化全境为甬江流域。其地貌构成大体为"六山一水三分田"。

奉化物产丰富，山川秀丽，区内雪窦山是国家ＡＡＡＡＡ级风景名胜区。

好山好水出名人，奉化也是五代十国时就名闻遐迩的布袋和尚契此的故乡。

传说布袋和尚是弥勒菩萨的化身，于唐僖宗年间现身奉化。他肥头大耳，袒胸露腹，忍辱宽容，笑口常开，肩背一个与生俱来的布袋，出没在闹市街头。乍看这和尚有点疯疯癫癫，可他嘴里吐出来的话神乎其神，有的还出口成章，成为脍炙人口的诗偈。他天性乐观，人见人爱，熟悉他的人都叫他"欢喜和尚"，成道后称"眯眯菩萨"，被公认为"人间弥勒"。

　　布袋和尚原是个流落到奉化长汀村的孤儿，被村民张重天收养。他自幼聪明好学，勤劳和气，助人为乐。张重天夫妇也待他视如己出，一心盼望义子成龙，为张氏传宗接代，光宗耀祖。

　　一个好人家的儿子，怎么突然出家为僧了呢？一个好端端的孩子，怎么突然变成街头痴和尚了呢？一个宽容大度的和尚，怎么突然圆寂了呢？这些谜团一直郁积在奉化人的心中挥之不去，后来听说他圆寂时留下四句话："弥勒真弥勒，化身百千亿。时时示时人，时人自不识。"还有人在东阳、福建等地看到已经逝世多年的布袋和尚，这才恍然大悟，原来他就是弥勒菩萨化身！于是乎有关布袋和尚的传说便纷纷出世，并且在布袋和尚足迹所到之处广为流传。

　　布袋和尚传说有哪些内容，有什么社会价值，对后世有何影响，当地政府如何保护这一笔非物质文化遗产，这些就是本书要阐述的主要内容。

　　布袋和尚传说，最早记载于宋人赞宁（919—1002）所著《宋高僧传》卷二十一"唐明州奉化县契此传",其中记述了契此卧雪不沾衣,能示人吉凶、善测天气,暗示其为弥勒化身等。景德元年(1004年)道元所著《景德传灯录》卷二十七"布袋和尚传",又有其街头乞钱、问答佛理、作偈说法、逝后现身、四众图像等记述。南宗志磐所著《佛祖统纪》有群儿戏布袋、师徒同浴、葬身封山、墓中遗物等情节。之后《浙江通志》《宁波府志》《奉化县志》《岳林寺志》《奉川长汀张氏宗谱》记有更多的传说,如福建化木、皇帝赐号、结交居士、喜着木屐、大桥佛水、分身插秧、囊沙筑堤等。这些传说,在他生活过的奉化及游方过的地方广为流传,代代不息。据初步调查,有百余则之多。

布袋和尚传说的产生,有深厚的社会文化背景。奉化历史悠久,文化昌盛,秦时即为鄞县县治所在地,唐玄宗朝正式建县。"奉化"之名来自"遵奉王化",民风淳厚,"和乐文化"深入民间。

布袋和尚幼读诗文,知书识礼,扎根于民众之间,深受中华传统文化和奉化地域文化熏陶,形成了豁达乐观、大度宽容、助人为乐、幽默风趣的性格,这在传说中均有体现,如《群儿戏弥勒》反映了他豁达乐观,《布袋记趣》反映了他大度宽容,《升米救灾》反映了他助人为乐,《破谜解惑》反映了他幽默风趣。他虽然出家,但不出世,与百姓有广泛的交往和密切的联系,因此,他的传说得以不断丰富,生生不息。

布袋和尚传说对后世产生很大的影响,对改善人心,和谐社会,建立人间净土,充实中国佛教的理论体系,乃至对现实世界的关怀、对未来世界的引导都有着重要的价值。

全书分四章。

第一章"概述",引用历代文献记载,结合传说内容,对布袋和尚的身世作全面分析,从而证明这个传奇式的佛教人物是个实实在在的普通人,即"人间弥勒"。

第二章"布袋和尚传说选粹",收录布袋和尚传说三十一则,分三个系列,其中乡土系列九则,丛林系列十五则,异地系列七则,大多是早期搜集整理、流传较广的传说。

第三章"布袋和尚传说的价值及意义"分两个范畴:一为科学价值,包括文学、艺术、佛学、历史、教育五部分;二为现实意义,在增进两岸文化交流、丰富旅游文化方面作粗浅的探讨。

第四章"布袋和尚传说的保护和传承",从弥勒信仰的走势、弥勒文化研究及加强国际文化交流等角度作了简要的考量,特别强调雪窦山露天弥勒大佛及大慈佛国的面世对我国及世界的广泛影响。同时,记述奉化对这份宝贵的非物质文化遗产的保护措施、保护计划。从中不难看出,布袋和尚传说在奉化人民心目中的分量之重。

愿布袋和尚传说这份宝贵的非物质文化遗产得到充实、开拓,使布袋和尚宽容大度、和谐和乐的精神进一步发扬光大。

宁波市奉化区文化广电新闻出版局局长　柳一兵

# 一、概述

布袋和尚是弥勒菩萨化身，奉化为弥勒应迹圣地，奉化岳林寺、雪窦寺、中塔寺等寺院皆设弥勒道场。布袋和尚传说经历千余年，世代相传，不断演化、变异，然一脉相承，无可替代，显示了永久的生命力。

# 一、概述

**[壹]布袋和尚传说产生的文化背景**

在中国，一走进大小寺院，首先看到的一尊菩萨就是坐姿大肚弥勒。最早出现这样的弥勒像的时间是五代后梁贞明三年（917年）

大小寺院进门处可见的弥勒佛像

之后。据北宋道原编著的《景德传灯录·布袋和尚传》记载，布袋和尚在奉化岳林寺圆寂时留下"弥勒化身"的偈语，之后，又有人在别的地方看到他，所以信众认定他是弥勒菩萨化身，"四众竞图其像，今岳林寺大殿东堂全身见存"。《景德传灯录》成书于1004年，距布袋和尚逝世约七十年，此时已到处有布袋和尚的写真像，故对于奉化岳林寺东大殿的塑像，作者用了个"存"字，可见此像的出现已有不少年份。最后作为中国弥勒、人间弥勒走进千寺万院，成为佛教信众最先膜拜的"欢喜佛"和"未来佛"。

奉化溪口雪窦山乳峰东侧半山腰，海拔369米处，趺坐着一尊佛像，面向千山，背倚祥云，浑若未来佛在兜率陀天上俯瞰人间，向十方世界演示佛法，这就是迄今为止世界上最高的坐姿弥勒——布袋和尚。佛像总高56.74米，表示身居补处兜率天宫的弥勒菩萨。

传说弥勒现在欲界第四天兜率陀天说法，要等到释迦牟尼入灭五十六亿七千四百万年以后才下生人间，普度众生。由于时间过于漫长，众生等之不及，于是流传弥勒下生之前常常来到民间，化身各种人物，给世人带来希望和光明。历史上自称弥勒化身的有皇帝、僧人以及意图推翻皇帝的农民起义领袖等，其中最著名的有三位历史人物，一位是南北朝的傅大士傅翕，一位是大唐女皇武则天，再一位就是五代时出现在奉化、圆寂于奉化、真身塔于奉化城区封山

溪口雪窦山上的露天弥勒大佛

之腹的布袋和尚契此。

　　随着时代发展和时空变迁,历史上名重神州、风光无限的"弥勒化身"最终回复到原人原位,唯有布袋和尚圆寂以后一千多年来,一直被世人尊为弥勒菩萨供奉,为什么?其主要原因有二:一是因为布袋和尚生前并没有以普度众生的弥勒菩萨化身自居,开始是一个再普通不过的农家子弟,出家后的身份是游脚僧,即四处化缘、乞讨为生的小和尚,虽然当过几年岳林寺外院岳林庄庄主,但天天泥里来水里去,与附近村民打成一片,人们敢于摸着他的光头叫他"欢喜和尚"或"眯眯菩萨"。他的最早形象是"形裁腲脮,蹙额皤腹,言语无恒,寝卧随处,常以杖荷布囊入廛肆,见物则乞"的"痴和尚",只是在圆寂之后人们才知道这个其貌不扬、言行诡异的和尚来历不凡。所谓"桃李不言,下自成蹊",诚如布袋和尚诗偈所示:"一切不如心真实。"如果人们相信世上有救世主的话,一定不会相信夸夸其谈、欺世盗名之辈;同样,如果有心登上彼岸永不退转,一定会跟从脚踏实地、一切与人为善的接引人。二是因为布袋和尚生活在奉化期间,留下了许多不可思议的形迹,这些形迹经过民间口耳相传,加上弥勒信仰在民间的影响,便形成了世代相传、脍炙人口的民间传说。通过一则则传说,一个活生生的布袋和尚形象便永久地活跃在人们的意识里。

　　本书记载了几则较有代表性的布袋和尚传说，同时对传说的价值和几则与传说相关的记载作粗略的分析、考辨，供学术界参考。

　　由于布袋和尚传说历史悠久，传承脉络错综复杂，更有些传说被衍化成图画、石刻、杂剧、传奇故事、电视剧等，反过来又影响传说的变异。本书作为国家级"非遗"代表作，本应该对各种形式的传说作详细的介绍，可限于篇幅，加上本人学识浅陋，只能对一些有较大影响的作品作简要的阐述。

　　布袋和尚传说根植于奉化，波及全国各地乃至亚洲、欧美国家。为说明布袋和尚传说对后世影响之深、之广，本书除了辑录

有关布袋和尚的书籍

以布袋和尚为形象的工艺品

有代表性的传说之外，还搜集了一些特别有价值的逸闻趣事以飨读者。

## [贰]布袋和尚生平

布袋和尚的身世来历，在他的故乡长汀村有三种传说。第一种是漂流说，传说唐僖宗朝有一年正月初一（一说是九月初九），奉化江发大水，村民张重天看到江上有一捆木柴（一说是一块薄冰），上面坐着一个孩子，他把孩子救回家收养。第二种是流浪说，出自长汀村《张氏宗谱·义祖弥勒佛传》，说他小时候流落长汀，身穿黑色衣服，坐于张氏门前，张太公奇其状，收为义子。第三种是投胎说，相传唐末乱世，战乱迭起，民不聊生，佛祖释迦牟尼让兜率陀天的未来佛弥勒下凡超度众生，弥勒投胎于妙林十八村李姓人家一丑女腹中，怀了两年仍不出生，佛祖派白象传令催生，于是，一个能说会道的小孩从肚脐中跃出。

三种说法均具神秘色彩，其中心意思均是：布袋和尚乃弥勒菩萨降世，来历不凡。

长汀村的村名也是在布袋和尚圆寂之后才起的，由来便是布袋和尚自号"长汀子"。据长汀《张氏宗谱》记载，长汀村在布袋和尚现身前是妙林十八村之一。

那时，在洪郎潭四周居住着十八家姓氏，分别为洪家、越家、张家、王家、周家、楼家、花家、郑家、任家、沈家、俞家、陆家、马家、李家、唐家、邓家、卢家、印家。张姓太公名尧臣，字德卿，号洛川，是妙林十八村中最富裕、最有威望的人。妙林十八村有一风俗，大年初一，村民纷纷往村东的松鸣寺烧香拜佛。这天张太公正好从松鸣寺烧香拜佛回家，见门口坐着一个方面蹙额，两耳垂肩，身穿一件黑色衣服的孩童，便问他：

"小孩，你叫啥名字？"

"我叫长汀子。"

"乖孩子，你从哪来？"

弥勒入世处

"我从来的地方来。"

张太公又问:"你要到哪里去?"

童答:"我想到去的地方去。"

张太公想,这孩子乖巧伶俐,长相奇特,大冷天只穿一件黑衫,却一点也没有怕冷的样子,心里十分喜欢,便问:"一个小孩子怎能随便乱跑呢,到我家去如何?"孩童二话不说,就管张尧臣叫阿爸,并安心地在张家住了下来。这位张太公便是传说中的张重天。

布袋和尚的俗名有待进一步考证。奉化民间传说是：因为这孩子是张重天从水里救起并收养的，于是便起名起此，后演绎为契此。其他文献资料记载上没有俗名，成书于996年的《宋高僧传》里，也只载"释契此者，不详氏族"。稍后成书的《景德传灯录》及1252年成书的《五灯会元》中均说"自

《景德传灯录》封面

名契此"。清雍正年间由孙埏根据传说改编的杂剧《锡六环》第一出，主人公少年布袋和尚出场时自报家门："小生张契此是也。"为他剃度的崇福寺（岳林寺前名）方丈希望他进入佛门后能锲而不舍，于是便对他说："赐汝僧名契此便了。"也许契此既是法名，又是俗名。

关于自己取号，并非任何泛泛之辈都能为之，有一定的学识或身份地位的人才会"自号"。布袋和尚"自号长汀子"，当是在有相当学历之后。杂剧《锡六环》第一出"韦驮梦中授锡杖"有一段韦驮的

道白，说是因为契此中了秀才，佛祖释迦牟尼怕他贪慕荣华富贵，忘了弥勒身份，不能修成正果，所以派韦驮在契此的梦里授他六环锡杖，命他赶紧出家为僧。这情节虽然是虚拟的，但不乏现实基础，凭契此的聪明才智，极有可能会在乡试、会试中名列前茅。关于布袋和尚的资质，长汀村流传的一则传说《无师自通》写得极为生动：少年契此聪明好学，并且能把学到的知识举一反三。私塾老师无奈地去对张重天说："这孩子聪明过人，前途无量，你最好去请一位比我高明的塾师教他，这样才不会耽误他的大好前程。"在一旁的契此听了，高兴地说："阿爹，你只要给我造一间书房，我一定会把书读好。"于是张重天就在洪郎潭边造了书房，让他自学。那书房就是后来供奉布袋和尚的长汀村村庙弥勒殿。

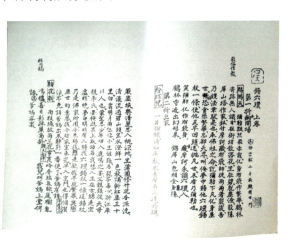

《锡六环》封面及内页

《宋高僧传》书影

从学术角度考量，布袋和尚被列入"高僧"行列也当之无愧，并不单单是因为人们认定这和尚是"弥勒转世"，从其出口成章的偈语看，他对佛理、禅意的理解及把握程度不是一般和尚所能企及的。

契此没有具体的出生年月，最早介绍布袋和尚的《宋高僧传》里，只说他在唐僖宗朝现身明州（宁波）奉化。南宋志磐著《佛祖统记》卷四十二所载"布袋和尚传"里，加入了《宋高僧传》《景德传灯录》所没有的记载，其中有待质疑的一条是他的身世："师昔

长汀村弥勒殿

游闽中，有陈居士者供奉甚勤，问师年几，曰：'我这布袋与虚空齐年。'又问其故，曰：'我姓李，二月八日生。'"可见布袋和尚并没放弃自己的本源，但是它没有被普遍认可，原因之一可能是这和尚居无定所，言行藏着玄机，一般人悟不出真谛，为慎重计，只好模棱两可。

奉化民间将契此现身的日子（唐僖宗乾符二年，即875年）正月初一定为其生日，传说这一天也是弥勒菩萨的诞辰，故奉化各寺庙正月初一这天香火旺盛，香客如云，人们虔诚礼佛，庆贺佛诞。特别是岳林寺，每年正月初一，方丈都要到长汀村村庙拜年；每年正月初三，长汀村族长及各房房长、缙绅都要去岳林寺回拜并用餐。这一习俗一直延续到20世纪50年代初。

契此的青少年时代在妙林十八村（长汀村古村名）度过，传说他曾娶妻，直到有了孩子才出家的。

长汀村里还有一个至今无法解释的谜团，那就是张氏一族的基因问题。传说张太公除养子契此外，没有其他继承人，所以在契此要出家为僧的时候，二老竭力反对，最后达成协议：必须留下后代才允许出家。契此答应了，于是有了《木鱼送子》（见第二章"布袋和尚传说选粹"）及传说《五子十八孙》。按常理，从别地觅来的孩子应与本族没有血缘关系，可令人费解的是，直到今天，长汀村张氏后裔还有一个非常明显的特征，即小脚趾中间有一条很深的裂痕，而他们的"义祖弥勒佛"布袋和尚恰恰有六个脚指头。照此推断，契此出家之前，应该留有后裔，而传说《木鱼送子》不过是受中国佛教教义约束，僧人不能有家室，故掩饰真相而已。

"木鱼送五子"的传说也广为流传。明万历年间，张氏七世祖张汝平在其"义祖弥勒佛"契此读书处建造弥勒殿，两壁塑有十八童子，殿后有"五子弥勒"雕刻。据夏明仁先生考查，五子弥勒的雕塑随处可见，人们还把五子弥勒当作求子弥勒、送子弥勒供奉。

契此十八岁（一说是十七岁）在岳林寺出家，之后曾到奉化袠村天华寺挂单，在勒白岙修禅。天华寺遭兵火烧毁后与岳林寺合并，契此自告奋勇向方丈请求，在天华寺原址修建简易外院岳林庄，以安顿一部分常住沙弥。岳林庄建成后，他被委任为庄主。在担任庄主期间，他为奉化百姓做了件天大的好事，就是两次发动乡民围海造田，得田两千余亩。奉化县乾隆志、光绪志中均记有此事。之后他重返岳林寺，云游四方，曾在雪窦寺讲经，赴天台、杭州、福建、四川等地结缘，因布袋从不离身，故人称"布袋和尚"。

岳林寺老山门

关于布袋和尚的样貌，自宋以来，有关他的传记中有许多生动的描写。佛教文献中记载有"形裁腲脮，蹙额皤腹，言语无恒，寝卧随处，常以杖荷布囊入廛肆，见物则乞"；"曾于雪中卧，而身上无雪，人以此奇之"；"示人吉凶，必现相表兆。亢阳，即曳高齿木屐，市桥上竖膝而眠。水潦，则系湿草鞋。人以此验知"等。

奉化境内口耳相传的布袋和尚是一个袒胸露脐、笑口常开、助人为乐、随和到不能再随和的普通人。他不像旧时僧人那样，一出家就六亲不认。布袋和尚与故乡一直保持着千丝万缕的联系。乡人有急难，他会及时赶到。反映这方面的传说有很多，如《分身种田》《关爱孩童》《县江佛水》《方桥请龙》《长汀萝卜》《千人塘》《十八小儿戏布袋》等。

出门背布袋是旧时"行载"习俗之一，俗称"包袱、雨伞、我"。布袋更是行脚僧人必备之具，它不是布袋和尚的专利。别人的布袋会破损、会被丢弃，而布袋和尚的那只布袋却伴了他一生。传说有人看不惯布袋和尚，曾几次夺下布袋当众烧毁，但第二天，那只布袋又出现在和尚杖头。据说，契此在坐化前将这只布袋送给了他唯一的徒弟蒋宗霸（即奉化溪口蒋氏的发族祖摩诃前太公）留作纪念。

关于布袋的来历，在奉化有三种传说。一是"与生俱来"说。据说小契此漂流在县江被长汀太公救起时，这只布袋就裹在身上。二是"父母纪念"说。孙埏《锡六环》第二出"出家"中有如下情节：契此父母见拦不住儿子出家，只好做一只布袋给他，说见布袋如见父母。契此不忘父母的养育之恩，故把布袋时时挂在身上。三是"佛陀赠予"说。传说契此在裘村天华寺挂单期间，佛祖释迦牟尼亲自下凡考验契此，故意化身为长满疥疮的老和尚，赖在契此的睡榻上，试探他的戒定程度，还要契此背他到田螺山上去治疗疥疮。契此不辱和尚修为，把病和尚放在布袋里，背到山上，把濒死的和尚救活了。佛祖便送他这只布袋，布袋里还装着一根布条，布条上有一首偈语，就是布袋和尚圆寂时念的辞世偈："弥勒真弥勒，化身百千亿。时时示时人，时人自不识。"故布袋和尚对福建的陈居士说"我这布袋与虚空齐年"。

布袋既是布袋和尚的标志，又隐藏着佛家的无穷玄机。诚如布袋和尚偈语所示："我有一布袋，虚空无挂碍。展开遍十方，入时观自在。"关于布袋的妙用，奉化民间传说发挥得淋漓尽致，说它是"乾坤袋"，装得下一大批木头，放进水里是一艘大船，可以把木头从福建南海水运到东海象山港；还能化腐朽为神奇，放进去剩菜馊饭，取出来便是新鲜饭菜。

布袋也是丛林中和尚们关注的焦点，《景德传灯录》中记载的一段布袋和尚与福建白鹿和尚、保福和尚的对话颇有禅意，对于别人向他提出的问题，契此只以放下布袋或负之而去两个动作作答。

　　白鹿和尚问："如何是布袋？"师（指袋和尚）放下布袋。又
问："如何是布袋下事？"师负之而去。保福和尚问："如何是佛法大
意？"师放下布袋，叉手。保福问："为只如此，为更有向上事？"师负
之而去。

　　布袋和尚虽然是个行脚僧，对佛学的修为却很是了得。不过他
平时装疯卖痴，生前很少有人理会，故许多偈语没有被记录下来。他
的偈语充满着禅意和神秘，反映出他对禅学有较高的修养。《明州
定应大师布袋和尚传》中收录了他与福建陈居士的一段对话，全是
诗偈作答，兹转录如下：

　　陈居士关心布袋师，怕他堕入别人的是非，请他说话小心些。师
答以偈曰："是非憎爱世偏多，仔细思量奈我何。宽却肚皮常忍辱，放
开洴日暗消磨。若逢知己须依分，纵遇冤家也共和。要使此心无挂
碍，自然证得六波罗。"
　　陈居士又问："和尚有法号否？"师又答以偈曰："我有一布袋，
虚空无挂碍。打开遍十方，入时观自在。"
　　又问："有行李否？"答以偈曰："一钵千家饭，孤身万里游。睹人

青眼在,问路白云头。"

又问:"弟子愚鲁,如何得见佛性?"以偈答曰:"即个心心心是佛,十方世界最灵物。纵横妙用可怜生,一切不如心真实。"

又曰:"和尚此去,须止宿寺舍,莫依族舍而住。"答以偈曰:"我有三宝堂,里空无色相。不高亦不低,无遮亦无障。学者体不如,求者难得样。智者解安排,千古无一匠。四门四果生,十方尽供养。"

居士异之,复作礼曰:"和尚再留斋宿,以尽弟子恭敬之意。"是夕,师复书一偈于居士之门曰:"吾有一躯佛,世人皆不识。不塑亦不装,不雕亦不刻。无一块泥土,无一点彩色。工画画不成,贼偷偷不得。体相本自然,清净常皎洁。虽然是一躯,分身千百亿。"

从上面摘录的偈语看,无论是艺术构思或主题立意都属上乘,后世高僧多有借用他的偈语示人的。比如五代时期后周雪窦寺方丈智觉延寿禅师(904—975),是佛学理论大家,所著《宗镜录》《唯心诀》为佛学宝典。他的《山居》诗六十九首脍炙人口。他出家时,契此已经圆寂多年,但他住持雪窦寺近十年(952—960年),关于布袋和尚的行状或遗著肯定有所耳闻目睹,所以对布袋和尚心悦诚服。延寿在回答学佛者提出"既久修始得,云何言一念得耶"的问题时，就曾引证过布袋和尚"即个心心心是佛""腾腾自在无所为""万法何殊心何异"等数条偈语。

宋代大德大慧宗杲禅师（1089—1163年），因秦桧专权愤而出家，佛界称其"以雄辩名"，天童寺圆悟禅师请他为第一首座。他平生也有许多诗偈留世，其中《赞布袋和尚》之一云："三千威仪都不修，八万细行浑不顾。只因闹市等个人，被人唤作破落户。兜率内院久抛离，纵归迷却来时路。稽首弥勒世尊，得恁宽肠大肚。"

佛教有许多宗派，理论上各宗派有自己的修为法门，但高僧们往往会跳出门户之见，融会贯通。被视为净土弥勒化身的布袋和尚，其言行教示亦未尝不合于禅旨。诚如广如和尚（明代）在《布袋和尚传后序》中所言："故余观师随机答话，唤醒迷途，备殚雪岭宗风，直示西来大意。是故道人处凡世而无染，道群迷而无碍。的指万法，生无所生。究竟寂灭，灭无所灭。寂灭尚不存，何言可指示？斯乃最上禅宗，达摩骨髓，又谁可得而拟议者哉！"

布袋和尚圆寂的时间在各种记载上有较大差异。《景德传灯录》《佛祖统纪》中都说是五代后梁贞明三年（917年）三月初三在岳林寺东廊盘石说偈坐化。照此推算，他在世的时间不过四十余年，僧腊也仅二十年左右。《宋高僧传》中所述布袋和尚寂灭之年为"天复中"。晚唐至五代十国时用"天复"年号的有两个，一个是唐昭宗的年号，历时四年，即901年至904年；另一个是前蜀高祖王建的年号，历时七年，即901年至907年。若是圆寂在"天复中"，布袋和尚在世时间不到三十年。所以有人怀疑此"天复"可能是那"天福"——后晋高祖石敬瑭的年号，用这个年号的时间是936年至944年，比唐天复中或梁贞明三年增加了二十年左右。也就是说，布袋和尚生活在人间的时间延长了二十年左右。《明州定应大师布袋和尚传》中的记载足以佐证这一推测，其中云："晋天福初，兴化军莆田县令王仁煦，遇大师于江南天兴寺，后又遇于福州官舍。出怀中圆封书诫王曰：我七日不来，则开以看。王如诚，开圆封，无他语，止一偈也。偈曰：'弥勒真弥勒，化身千百亿。时时示世人，世人自不识。'后书九字云：'不得状吾相，此即是真。'至是乃知师是弥勒佛也。"王仁煦即奉化在莆田做县令的王仁佶，他是布袋师升天后三年即天福年间到奉化传送遗书的人。如此推算，布袋师所享年纪当在六十岁上下。

人们喜欢布袋和尚，希望他永远活在人间，于是又衍生出安葬后肉身走失的传说。南宋志磐编纂的《佛祖统纪》云："布袋和尚既葬，复有人见之东阳道中者，嘱云：'我误持只履来，可与持归。'归而知师亡。众视其穴，唯只履在焉。"这传说有板有眼，证据确凿：有人碰到他在东阳道中，这不奇怪，因为外形相似的和尚多得是；交给一只鞋子请带回奉化便有点悬了，说明这人认识布袋和尚；回到奉化才得知布袋师已经过世，说明此人不是故意作秀。大家开穴检查，发现穴内只有一只鞋子，不能不让人叹为观止。

不管生卒于何年，布袋和尚长于奉化，死于奉化，这是不争的事实。

为了对传说有个统一的口径，根据大多数人认可的《景德传灯录》记载，即后梁贞明三年三月初三，在岳林寺东廊盘石说偈坐化，奉化弥勒道场已经把这个日子定为布袋和尚的成道日，雪窦山大慈佛国每年在这一天举行布袋和尚成道法会，参加法会的信众如云，有的还虔诚地从大山门开始跪拜，沿着弥勒大道三步一拜，直拜到山上大佛座下。

布袋和尚的遗体葬于奉化城北封山之腹，后人在封山上建了三座塔院，分别是上塔、中塔、下塔。中塔为安放真身舍利的地方，宋哲宗所赐的封敕"定应大师"石碑，也立在中塔寺西侧定应亭内。

由于布袋和尚生前有许多灵异举动，生相又讨人喜欢，圆寂前还曾口诵《辞世偈》宣示自己是弥勒化身，在他入灭几百年后，出现新的传说：有人看到布袋和尚舍利塔内有灵光出现，凡去求拜的人都能得到帮助，把宋哲宗皇帝也感动了，赐谥"定应大师"。

布袋和尚是弥勒菩萨化身，奉化为弥勒应迹圣地，奉化岳林寺、雪窦寺、中塔寺等寺院皆设弥勒道场。布袋和尚传说经历千余年，世代相传，不断演化、变异，然一脉相承，无可替代，显示了永久的生命力。

# 二、布袋和尚传说选粹

布袋和尚传说很多，牵涉面也很广，从出世传说到入灭以后的灵异传说，从俗家弟子到出家为僧，从种田看牛到化缘乞讨，从劝化世人到说偈圆寂，几乎涵盖了当时历史条件下的方方面面。

# 二、布袋和尚传说选粹

　　布袋和尚传说很多，牵涉面也很广，从出世传说到入灭以后的灵异传说，从俗家弟子到出家为僧，从种田看牛到化缘乞讨，从劝化世人到说偈圆寂，几乎涵盖了当时历史条件下的方方面面。据奉化布袋和尚传说省级传承人、长汀村村民、现年七十三岁的张嘉国先

有关布袋和尚传说的作品

生于2015年搜集整理编纂的乡土资料《布袋和尚长汀子》统计，其传说达六十篇；据长期从事弥勒文化研究并积极搜集布袋和尚雕像及传说的夏明仁先生说，他在2009年与人合作出版的《人间弥勒》一书中有六十一则关于布袋和尚的传说，然后继续搜集，截至2015年，已经达一百零一则了，他正在抓紧时间重新整理，将出版新的《布袋和尚传说》。

本书选载三十一篇传说，分三大系列：一为乡土系列，是来自故乡的传说，即布袋和尚出家之前及出家后与故乡长汀村、奉化各地相关的传说；二为丛林系列，是来自寺院及佛教领域的传说，主要是契此在岳林寺及天华寺、岳林庄常住期间的所作所为；三为异地应迹系列，指奉化以外民间流传的相关传说，同时也吸纳了几则在国内外流传的与布袋和尚有关且有相当价值的趣闻逸事。

## [壹]乡土系列

### 布袋和尚出世

有一天，释迦牟尼佛在舍卫国为他的十大弟子及无量百千诸大化佛、四大名山诸菩萨、三千优婆塞、二千优婆夷等一切大众演说百亿陀罗尼门。说毕，有位姓弥勒名叫阿逸多的侍者起座站到佛陀面前，佛陀指着他说："此人从今十二年后命终，必得往生兜率陀天上。是弥勒菩萨于未来世，当为众生作大皈依处。"座中有位叫优波离的释佛弟子心里不服气，他头面作礼对释佛说："世尊，您以前曾经说过：阿逸多次当作佛。这阿逸多，具凡夫身，未断诸漏，不修禅定，不断烦恼，怎么能在未来世中成佛呢？"佛陀于是又说了《弥勒菩萨上生兜率陀天经》和《弥勒菩萨下生兜率陀天经》。释迦牟尼佛为了培养兜率陀天的弥勒菩萨成为名副其实的未来佛，常常让他化身到人间阐修佛理，弘扬佛法，使诸天大众心悦诚服。

唐末乱世，民不安生，释佛又想让弥勒下生人间，修成正果，于是下了一道佛旨，命韦陀菩萨传达。

韦陀菩萨来到兜率陀天内院，见弥勒菩萨正在莲花池内沐浴，便大喊一声："佛旨到！"

弥勒菩萨在莲花池里玩得正欢，冷不防听到头顶一声大吼，不由得打了个激灵，便漂漂荡荡离开天国，落到漂流在奉化江上的一捆柴上。顿时，三江口大潮猛涨，那捆柴逆水而上，被推进奉化江西岸一个大湾——洪郎潭里。

洪郎潭边有个美丽的村庄叫"妙林十八村"，疏疏落落地住着十八姓人家，其中张姓的太公名叫张重天，是妙林十八村中最富裕、最有威望的人。妙林十八村有一风俗，大年初一，村民纷纷往村东的松鸣寺烧香拜佛。

这一天，张太公正好从松鸣寺烧香拜佛回家，碰上奉化江下游涨大潮，感到好奇，便不住地往水面张望。他看到一个孩童坐在漂浮

洪郎潭

　　的一捆柴上，急忙解开系在岸边的竹排，向漂流的柴捆撑过去，将孩子救到岸上。

　　太公细看孩子，方面圆额，两耳垂肩，大冷天只裹着一只布袋，身上却暖烘烘的。他抱起孩子问："乖孩子，你从哪来？"童答："我从来的地方来。"张太公又问："你要到哪里去？"童又答："我想到去的地方去。""一个小孩子怎能随便乱跑呢，到我家去如何？"孩童暗想，我正要在这里找一户人家安身，便笑着点头。

　　从此，张太公就收他为义子，取名起此——此地救起的意思。

　　这孩子就是后来大名鼎鼎的明州布袋和尚契此。

## 无师自通

光阴似箭，岁月如梭，张起此到了读书的年龄。张重天在妙林十八村属于富户，家道殷实，自然要将义子送入私塾，接受儒家传统教育。但起此不是常人，先生教的内容跟不上孩子对文化知识的需求，往往对于老师讲的课他不仅能举一反三，还要刨根究底，弄得老师反成了学生。教书先生没法，只得对张重天说："此子不同凡响，请另择名师施教。"起此对父亲说："阿爹，你只消建造一所书房，我自己会读书上进的。"张重天知道儿子来历不凡，这样要求自有他的道理，便不假思索地答应了。他在洪郎潭北岸选了一块地基，即日请来工匠，破土动工，不过半个月，书房落成。

起此在书房读书，无师自通，四书五经、诸子百家，一经过目，就朗朗成诵。他有一个习惯，当开卷念书时就紧闭门户，不让旁人进屋，连父母喊他也不应声，只是在桌上拍三下，直到念完书才开门。张重天夫妻见起此读书长进很快，心里感到十分欣慰。

洪郎潭边，从起此书房到家里的路上，有棵大樟树。这株树一基双干，两树权中间刚好坐一个人。小起此每走到樟树下，就看到坐在树上的一位枣面、凤眼、蚕眉的男子站起来向他行礼，起此以礼相还，两人非常投契。有人发现此事，对张重天说：

"太公，起此老是在樟树下作揖打躬，是不是有病啊？"张重天暗地里偷看，果有其事，就问儿子为啥无故行礼，还自言自语。起此说：

"阿爹，不是无故，是因为树上那位将军总是站起来向我行礼的缘故啊。"

张重天一听，好生欢喜，更相信儿子是天上星宿下凡。因为这块地方原来是关帝庙，塑像就是枣面、凤眼、蚕眉的武圣人关云长。关公形象在佛教寺院是护法神伽蓝菩萨，据说他是跟随弥勒菩萨下凡来做保卫工作的。

## 摸六株

少年契此非常勤快，一边认真读书，一边参加田间劳动，小小年纪就成了妙林十八村的种田高手，每到插秧时节，他更忙得不可开交。村中家家户户忙着播种插秧，那些没有劳动力又雇不起工的鳏寡孤独人家常常为把不住季节发愁。少年契此助人为乐，凡是有困难的人家请他帮忙插秧，他毫不推却。

有一天，他一个人在田畈中央种一丘田，隔壁一丘田里有四五个青壮汉子在种田，契此见两丘田一样大，便对他们说："你们四人种两亩田，我一人种两亩田，看谁种得快！"四人听了不服气，心想，论种田，我们也算是扁担搁在额头上——头挑了，难道四个人还比不过你一个人？！于是，四个壮汉劲头十足，咬紧牙关猛干。契此种了两个时辰，抬头一看，见自己已经落后，连忙把放在田塍上的一双笋壳草鞋丢到隔壁田里。笋壳散开，化成了无数条大鲫鱼，游向壮汉们的脚边，四个人哪里还有心思种田，一个个都去摸鱼，直到太阳快要下山，不但鲫鱼无影无踪，那丘田还有一半未种好。契此见状，大笑着唱道：

"手捏青苗种福田，低头便见水中天。六根清净方成稻，后退原来是向前。"边唱边跳进还没有插完的田里帮忙，边插秧边给后生们传授他自己新创的插秧法：每行六株，横平竖直，间隔均匀，改前进插秧为边退边插，轻松自如。四人看了奇怪，便问为何如此种法。布袋和尚笑着回答："这种种法叫作六格清楚，秧苗均匀，不多不少，既快又好。"四人学着布袋和尚的方法插秧，果然又快又好，并且轻松多了。

原来此前奉化人种田也同其他地区一样是一行七株，插完一行前进一步，时间长了，不但腰酸背痛，速度慢，插下去的秧苗成活率也低。契此的插秧法改七株为六株、向前插为后退插，符合多、快、好、高的原则。从此，这个插秧法很快传遍奉化，农民们还起了个形象的名称，叫"摸六株"。

## 千人塘的传说

长汀村到奉化县城的通道从前叫"千人塘"，相传是契此出主意让奉化县县令出钱修好的。这个县令不但不为老百姓做好事，还想方设法索取百姓财物，吸尽民脂民膏，其苛捐杂税名目之多、收费范围之大，数也数不尽。奉化江年年要发大水，下游庄稼常常被淹歉收，他向上申报水灾、旱灾救济款，拨下来的款额却从不发放给灾民，而是中饱私囊。妙林十八村农民年年要修筑被大水冲垮的塘堤，苦不堪言。

契此想，若要塘堤永固，必须打深厚的坝基，而这样的工程需大笔资金。经多方调研，他想了个妙计，让县令把贪污的款项还给百姓。

这个县令虽有财势，却有一件令他烦恼不已的事，那就是快到不惑之年还没有儿子。他朝思暮想能得到一个宝贝儿子，可年复一年，一直未能如愿。

那天晚上，县令做了一个奇怪的梦，梦见送子观音在卧室窗外对他说："你年年到我座下求子，我来给你一次得子的机会。"

县令忙不迭五体投地，求观音娘娘指点迷津。娘娘双手合十说："阿弥陀佛。你没有儿子，是因为你把兴修水利的钱贪吃了。要得子，必须把这些钱吐出来，还给百姓。如今妙林十八村塘堤已损，一到夏季必遭洪水袭击。你只要出钱修复塘堤，就能得子。"

县令大喜，急忙答应说："送子娘娘，如果真的可以得子，妙林十八村修复塘堤需要多少钱，我就给多少。不过，弟子若给了钱，他们不修塘堤，怎么办？"

"送子娘娘"是契此装扮的，他见县令这样难缠，索性给他一点颜色看看，便拖长声音说：

"做善事必须心诚，你这样三心二意，一味算计功利，哪能图得好报！再说，妙林十八村早已经动工修塘，日夜不停，不信你可去实地察看。"说完，他喝一大口烧酒，喷到灯笼上。县令只见一道灼人的金光，吓得再次叩头谢罪。等到抬头再看时，"娘娘"已经不知去向。听听更鼓，是三更时分。

县令再也没法入睡，想起送子娘娘说妙林十八村在日夜筑堤，不知是否属实，那儿离县衙不远，不妨现在就去看看。于是，当天晚上，他就急匆匆坐着轿子，带上一些衙役直奔妙林十八村。离妙林十八村两里处有一亭，名为"接官亭"，又称"栗里亭"。县令刚到接官亭，就看到洪郎潭方向灯火接天，人声鼎沸。他喜出望外，认为果然是观音显灵，立刻吩咐手下打轿回府。

原来这天清早，契此对父亲说："阿爸，县令将出一笔昧心钱给妙林十八村民众修塘堤。你赶紧准备一千盏灯笼，派百余人，一人一根长竹竿，每根长竹竿挂起十盏灯笼，在村前弯曲的塘堤上等着我。"张重天一向对儿子言听计从，经过一天的张罗，一切就绪，带着百余村民守候在塘堤上。等到半夜，果见契此飞跑而回，对大家说：

"快快点上灯笼，跟我喊起号子，保持距离来回行走！"

村民依照契此安排，"嗨哟嗨哟"喊着号子，接连着在塘堤上来回行走，这样，远远看起来就像有上千人在挑土筑塘。

第二天清晨，县令命差役把妙林十八村所有族长请到县衙里说："我是要个儿子才答应给你们钱的，现在只能给你们一半钱，等到我有了儿子，再给另一半。"时隔三个月，县令老婆真的怀上了，县令喜不自禁，不但补足了妙林十八村的修塘款，又捐出一笔钱给全县百姓办实事。

塘堤修成了，长汀人称它为"千人塘"。

## 感化小偷

妙林十八村东面有一座寺院，叫"松鸣寺"。该寺坐西北朝东南，背倚高山，山上青松翠竹，清风拂松，树鸣竹啸，寺因此得名。这里环境优美，香火兴旺，水陆法会不断。

契此经常随父母去松鸣寺烧香拜佛。在方丈同张重天的交谈中，他听到寺里要造一座藏经楼，但因资金短缺，一时难以实现。契此将此事牢记在心，寻找机会帮助解决。

寺院内有一块十几亩大的菜园，种植着各种蔬菜、水果，供应僧人香客。但附近有几个不务正业的人，常常到此行窃，侵害寺院利益。契此给寺院的管理人员出了个主意：在菜园四周紧紧密密地种上枸橘。这种灌木，小枝多长硬刺，使一般人难以进入。

在几个行窃者当中，有一个偷窃技术特高的人，名叫李吉，被奉为小偷的头领。有一个小偷把寺院种上枸橘而无法进入一事报告李吉，李吉听了，眼珠子转了几圈说："这有何难，你们太笨。今晚我去，你们等着看好看吧！"

夜深人静，寺院也沉寂无声。李吉找来一个养蜂用的两头空的木桶，将桶插入枸橘丛中，然后顺木桶爬进园内，将得手的窃物抛出园外。小偷们大笑着满载而归。

第二天，寺院的小和尚发现偷窃留下的痕迹，就组织几个人在园内守候。果然，几天之后李吉又来了，他刚爬进圆桶，就被和尚按住。李吉半身还在桶内，动弹不得，乖乖就擒。香客纷纷建议将李吉拉到大街上去，捆绑吊打示众，警戒其余行窃者。一直关注小偷动向的契此急急赶到寺中，对大家说："出家人应以慈悲为怀，要体谅小偷的困境，更要引导他们改邪归正，切勿吊打伤人，还是把他放了吧！"大家看在契此的面上便点头同意。契此解开绳索，放下李吉，和颜悦色地问道：

"看你年纪轻轻，也乐意帮助别人，怎么会做偷鸡摸狗的勾当呢？"

李吉说："我家没有田地，如今世道又乱，零工也没处打，我上有老下有小，只好靠偷窃养家糊口。"

"你家境贫寒，缺衣少食，但应当凭自己的劳动丰衣足食，这才是正道。"契此劝道，"行窃是不光彩的，也是不道德的，而且只能图一时温饱，不可能解决根本问题。万一被捉，像今天这样，还要受皮肉之苦，辱没门风，让祖宗蒙羞。我想同方丈商量一下，你来寺院看守菜园子如何？"

李吉听了，茅塞顿开，纳头便拜，说："以后我一定改过自新，以自己的劳动养活家人。"

有道是浪子回头金不换，李吉成了寺院园丁之后，一心为寺院着想。一天，契此又去松鸣寺烧香，李吉对他说："寺院宽大，我该报恩，但不晓得怎样做才好。"契此双手一拍说："这有何难，只要你不怕吃苦，我包你做一桩大功德。"说完，他在李吉耳边如此这般说了一条妙计，李吉连连点头，二人分头行事。

没过几天，菜园门口立了一个泥塑人像，知情人都认出这是李吉，但不知道寺院为什么要把他的泥像放在菜园门口。

菜园门口的人像一塑起，李吉就动身到宁波一户笃信佛教的富裕人家募化。他在这户人家门口闭目静坐，主人是位信佛的太太，问他要什么，他只是不答。到了第四十九天早上，太太又出来问他："你为什么老是坐着不答话？"这时李吉开口了："我要坐足四十九天，察看你的佛缘如何。今天奉化松鸣寺要做水陆法会，我是护法尊者，必须到场，这就回去了，我们后会有期。"说罢，他起身飘然而去。

太太越想越觉得害怕：这个男人清坐四十九天来考察我的佛缘，一定不会是诳话，可我一丝一毫也没有表示。我家与佛结缘多年，万一他去菩萨面前说我们坏话，这还了得！他是松鸣寺的护法尊者，我这就去找他赔礼道歉。

太太拿定主意，便坐轿到奉化松鸣寺进香。契此早在大门外等候多时，见太太下轿，就迎上前去热情接待。

松鸣寺果然在做水陆法会，山门外高高挑起"启建陆海空妙法莲花法会"旗帜，上百名和尚分别在六处净坛上念经礼佛，香烟袅袅，磬钹声声，一派庄严。契此陪太太在各殿上香，走到菜园门口，太太看见一座塑像与自家门前坐的那个男人一模一样，纳头便拜，口称："菩萨显灵，阿弥陀佛！"

契此故意问她："太太，这是寺院的护法，原是管菜园子的，临终前曾发愿，要为寺院募建藏经楼。您怎么知道他是菩萨呀？"

太太把自家门前发生的事说了一通，最后说："快带我去见方丈师父，我愿出资捐助建造藏经楼！"

松鸣寺的藏经楼很快建成，方丈感谢李吉，把那尊乞丐模样的泥塑改成石像。据说这石像一直保留到寺院被战火毁灭才消失。

## 智灭蝗虫

有一年，风调雨顺，稻谷茁壮生长，妙林十八村的田畈上一片金黄，预示着丰收在望。

俗话说："人会料，天会调。"一场天灾从天而降，成群的蝗虫不知从何而来，拼命吞噬即将成熟的稻谷。

最先看到蝗虫的一个农人立即疾奔进村，向张太公报告虫情。张重天深知蝗虫不但赶不走，还会捉一只生一批，吃尽所有稻田里的谷子。他取出一面铜锣，让这人爬到大树上猛敲。这是妙林十八村的规矩：闻紧急锣声必有大事，要立即到大樟树下集合！不一会儿工夫，全村男丁基本到齐，那人对大家说："我清早出门，忽见一大群蝗虫从东边飞来，正在吃我们的稻谷呢。"众人听后，都拔腿飞跑到田头观察自家田里的灾情。情况确实严重，单凭各家力量要把蝗虫赶走是不可能的。正在束手无策之际，契此来了，他爬上大樟树对大家说：

"大家不要慌张，我有一个主意。"

大家虽然知道契此足智多谋，但在众人眼里他还是个孩子，所以没有理会他。张重天也呵斥他："不要瞎闹，快下来读你的书去！"

契此严肃地对他爹说："阿爸，我真的有好主意。你不是对我说过诸葛亮大破连环计的故事吗？火可以烧毁大船，自然能把蝗虫彻底烧死。"

张重天觉得儿子说得有理，就让他说说看，怎么个灭虫法。

契此胸有成竹地说："我看还是用火攻吧！"

农民们抢着说："那可不行，用火一攻，蝗虫烧死了，可是我们的稻谷也烧光了，明年吃什么呢？"

"大家不要急，只要妙林十八村的人拧成一股绳，先把外围的稻谷收割掉，把蝗虫挤到一个中心，然后一把火就能把蝗虫消灭。不然今年遭受虫灾，蝗虫为害要连续三年，明年、后年还会是大荒年。今年虽然损失了一些粮食，但由于灭虫彻底，明年肯定有一个丰收的年成。"

大家恍然大悟，请契此拟章程。契此说："实行这个办法，收起来的稻谷必须统一按田亩分配。不分谁的田地，不得斤斤计较。"农民们理解了采取火攻的意思，大家齐声说"好"。

统一思想后，妙林十八村全体村民立即行动，以最快速度、最短时间、最大范围收割稻谷，将蝗虫慢慢赶到中心去，把包围圈缩小到最低程度，待到只有二十亩稻田时，才停止收割，让所有的蝗虫都集中到留有稻谷的田里，然后四面点火，连稻带虫一起焚灭。

火攻以后，蝗虫及稻根下的虫子全部都死光光了，使这次虫灾的损失减少到最小，而且不留后患。

果然不出契此所料，第二年风调雨顺，虫害全无，打下来的谷子比上年多了一倍，足可弥补上年的损失。

## 木鱼送子（二则）

长汀张氏谱系第三排有五位太公，据说是布袋和尚传下来的木鱼子。五子由来有两则传说，一说脚踏实地，另一说天马行空。两说渠道不一，同出一源，且各有特色，故并录于下。

一

由于起此聪明好学，待人真诚，粗细农活都拿得起放得下，方圆几十里有女儿的人家都想将他招为女婿。张重天早有给义子成家的打算，千挑万选，终于定下了一位品貌皆优的女子。好不容易等起此长到十七岁，就想敲锣打鼓把新娘抬过门，与起此拜堂成亲。起此一心向佛，从来没把成家立业的事放在心上。开始，他也试图说服爹娘不要为他操办婚事，最好是全家念佛诵经，同登极乐世界。可是，张重天夫妇半句也听不进去，他们觉得"不孝有三，无后为大"，做人最要紧的是传宗接代，不然就对不起列祖列宗。最后，还是起此妥协了，因为他在要求父亲给自己建造书房时有过承诺："传宗接代有啥难的……我保侬儿孙满堂，世世代代有享不完的福报。"起此知道，因缘未到，多说无益；再说，自己承诺过的事，绝对不可以失信。他灵机一动，有了一个好主意，仍旧笑嘻嘻地对父母说："阿爹阿妈，要我成亲好说，但是新娘子我得自己挑。""那最好啦，阿爹相信侬，侬要天上仙女我也帮侬抬过来。"张重天夫妇放心了。从那时起，起此就暗暗留心。他发现邻村开豆腐店的老板家里有一个小姑娘也喜欢诵经念佛，常常跟着老祖母到岳林寺拜佛烧香。悄悄一试探，她竟也有很强烈的出世之志。于是，起此就把这个姑娘介绍给父母。张重天夫妇一打听，发现这位姑娘竟是百里挑一的，与儿子一起真像是一对金童玉女，喜欢得不得了，立即挽媒说亲，定下成亲日子。成亲那天晚上，新娘子一脸不高兴，等到客人散去新房里只剩下两个人时，便面朝墙壁坐在一边，念起经来。起此见状，也趺坐在另一边，眼对鼻、鼻对口、口对心，一字一句地对新娘说："阿弥陀佛，女菩萨不用担心难成佛，只要一心向梵天，我做和尚侬成佛。"新娘子一听，立即打开了心扉："好啊，原来侬同我不是夫妻是同道啊。说做就做，阿拉连夜逃走，各寻庵堂寺院落脚吧。"她边说边起身要走。"慢来慢来，"起此连忙拦在门边，"现在还不是时候，我们的责任还没有完成呢。"接着，他就把与父亲的约法三章说了一通。新娘子生气了，又想夺门走人。起此一本正经地向新娘解释："侬勿用怕，我们不会有事的。侬只管闭上眼睛睡安稳觉，我保侬一觉醒来就有五个儿子在身边。"起此说完就大声诵经，身子一动不动，仿佛入定一般。新娘子也想念经，可是没念几句就打起盹来，没法子，只好上床睡觉。迷迷糊糊中，她听到五声木槌敲击木磬的声音。等到一觉醒来，已是五更时分，起此不知去向，她肚子里却像好几条鱼在游，吓得大声叫喊起来。张重天夫妇听到新房里有异常响动，忙跑过去看，只见媳妇挺着大肚子坐在床上，手里捧着一张字条发呆，儿子不知去向。他们忙问媳妇怎么一回事，新娘递过字条，张重天粗通文墨，展开一看，上面写着一首诗："是非憎爱世偏多，仔细思量奈我何。宽却肚皮常忍辱，豁开心地任从他。若逢知己须依分，纵遇冤家也共和。若能了此心头事，自然证得六波罗。"张重天气得火冒三丈，立即召拢四亲八眷，要把儿子找回家。众人正要出发，忽见新媳妇抱着五个婴儿跪到公婆面前说："媳妇和您儿子起此都是佛门中人，注定'若逢知己须依分'。今天他已经出家了，我也要遁入空门，这五个儿子是张氏后代。我们的天职已经完成，你们不必白费力气寻找，找到了也没有用，就此拜别了。"说完，她起身向西，飘然而去，待到众人回过神来，早已不知去向。这个时候，起此已经在与长汀村一河之隔的岳林寺出家了，起了一个法名叫契此。

之后，契此的五个儿子娶妻生子，又陆续生下十八个孙子。在妙林十八村，张家成了人口最繁盛的一族，后来的长汀村几乎是张姓的天下，别姓有的迁移，有的衰落。张氏子孙为了纪念义祖长汀子，就改村名为"长汀"，妙林十八村从此悄悄退出了历史长河。

## 二

张重天夫妇日夜盼望儿子快些长大成人，早娶媳妇，早抱孙子，以续香火，所以，当契此长到十六岁时，就急着要为他说媒圆房。契此也早已料到父母有此一举，当父母提出要他成亲时，他提了两个条件："阿爸阿妈，男大当婚，天经地义。父母之命，岂可违背。但儿有两个请求，一是娶什么人家的女孩要儿子亲自看过，女孩自愿；二是儿成亲之后，若留下后代，阿爸阿妈一定要答应儿子出家为僧。"

张重天夫妇想，只要儿子成了亲，有了孩子，即使父母同意其出家，老婆孩子也不会同意的，于是口头答应了。

此后几个月，张家的门槛都被媒人踏坏了。一是门第清白，家风良好；二是家境富裕，远近闻名；三是契此虽然是抱养的，但知书达礼，是人见人爱的好后生。姑娘都愿意嫁到张家做媳妇。可是，两人一见面，交谈一阵之后，姑娘就说不愿意了。张重天急了，对契此说："儿子听着，"不孝有三，无后为大"，你再不答应婚事，父母就给你强行定亲，看你结不结婚！"

契此耐心地对父亲说："阿爸莫急，儿子已经看中一个姑娘，她就是李家玉露姑娘。"

原来，前不久，契此在松鸣寺看到一个清秀可人的女子跪在观音菩萨像前喃喃自语，侧耳细听，知道这姑娘在问观音菩萨什么时候可以出家为尼。

媒人赶到李家说媒，果然，一说就成。

结婚之日，妙林十八村许多人家都送了贺礼贺幛，张家张灯结彩，宾客盈门。两盏双喜大红灯笼高悬大门上方。门楣横额"兰馨芝秀"，上联"杨柳迎春万里春风绽桃李"，下联"椿萱含笑一门和气乐桑榆"。总管执事，各司其职，杀猪宰羊，煮鸡烧鸭，洗鱼汰菜，排桌摆碟，迎来送往，忙而不乱，井井有条。花轿一到，更是热闹非凡，烟花、爆竹、百子响个不停。吹吹打打，把新娘接出花轿，让她踏着麻袋，引进花厅，行过礼，拜过堂，送入洞房。

待喜宴结束，契此被一班青年贺客送进新房。贺郎先生一边唱新婚贺词，一边让新郎、新娘喝"合卺酒"，吃红枣、花生、桂圆、瓜子，寓意"早生贵子"。待到贺客散去，夜阑人静，契此轻声对新娘说："娘子，对不起，我有一个习惯，每天功课，当日完成，今天日里忙于应酬，晚上还须到书房去补上，娘子不用等我，早点安睡吧。"

新娘子喜出望外，连连说："功课要紧，快去快去！"

原来，李玉露原本是观音菩萨的小徒弟，弥勒现身人间成了农家子弟后，观音菩萨担心他堕入轮回，就让小徒玉露投胎到妙林十八村的李家。玉露出生时，嘴里含着一枚桃核，她父母把桃核种在院子里，年年开花结果，味道就像传说中的琼浆玉液。这株桃树后来成了长汀水蜜桃的母本。玉露从小吃素念佛，一心向往西方极乐世界，本不愿意嫁人的，无奈父母不允，那天晚上又做了一个梦，梦见观音菩萨对自己说："出嫁不用害怕，定可如愿以偿。"于是她嫁给了契此。她没想到契此会主动提出去书房读书，又看到房中有木鱼、木磬，真正是"喜结佛缘"了，加上折腾了一天，困得很，便安心上床，睡得又香又甜。

契此离开新房后，过了很长时间才轻手轻脚返回新房，拿起平时念经时敲打的木鱼、木槌，在新娘的肚子上"笃笃笃笃笃"敲了五下，便转身下楼到书房睡觉去了。

第二天，契此对父母说："阿爸阿妈，大比之年到了，儿子要去省城赶考，三个月后回来，你们要相互照顾，不用担心我。"

契此离家以后，玉露发觉肚子里好像有五个东西在动。过了三个月，肚子高高隆起了，这才着了慌，无奈生米已经煮成熟饭，也只好忍气吞声。十月怀胎，次年她生出了五个白白胖胖的小子。全家欢天喜地，玉露一脸愁容，对契此尤其不满。等到只有两个人的时候，契此对她说：

"你不用担心，这是木鱼、木槌的孩子，只不过是借你的肚子出生。因为这是我与父母的约定，有了孩子就允许我出家，我才出此下策。只是我明天就要出家，你怎么办？"玉露转忧为喜，对契此说：

"你放心去吧，我会照顾好父母和孩子。等孩子成家立业后，我也要出家静修。我们一定会在彼岸相见！"

契此答应父母生子续后的诺言兑现了，父母也在挽留无效的情况下同意契此出家，并亲自送他到岳林寺剃度为僧。

## 出家岳林寺

张重天夫妇信佛，常到离长汀十里的崇福院进香拜佛，与当时的住持闲旷禅师结有善缘。他们虽然一百个不愿意契此去做和尚，但也考虑到儿子的安全问题，去寺院安身也是个明智的选择。因为，唐朝后期，政治腐败，群雄争霸，战乱频仍，社会动乱。在这种情势下，许多人都想找个清净之地，安身立命，躲避战祸，所以，当时佛教比较兴旺，出家也一度成为时尚。况且儿子在成亲前就提出了出家的条件，现在五个白白胖胖的孙子也已经出世，解除了"无后"之忧，所以，在起此十八岁那年，他们送他到岳林寺的前身崇福院出家。

晋代以来，奉化最有名的寺院有三座，一是起于晋代的雪窦山瀑布观音禅院，唐末由宁波府太爷黄晟捐田一千三百亩，改建为雪窦寺；二是青莲寺，在尚田镇去横山的入口处；三是岳林寺，在奉化城区县江东岸，离长汀村十华里。

且说一天夜里，闲旷禅师做了一个梦，梦见伽蓝菩萨对他说，明天有一个上乘佛子皈依佛门。闲旷正为寺内缺少常住僧，有的僧人虽

岳林寺遗址处的石雕

然出家却六根不净而发愁，听了伽蓝菩萨说有上乘佛子皈依，乐得再也睡不着，起身吩咐小和尚："你今日快去寺门外闲踏，如若有人进来，速作通报！"

清早，契此随父母走到岳林寺外时，在山门外溜达的小和尚快步跑到他面前问道："相公，你们是来找我师父的吗？"

"正是。"

"请稍待。"小和尚立即回禅堂向师父报告，"师父，人来了，来人了。"

闲旷师忙说："快快请进！"

契此进入禅堂，向禅师跪拜如仪。禅师见来人是张居士家的孩子，心里起了疑惑，问道：

"你是个读书人，前程远大，不至于是来出家的吧？"

契此连忙躬身回答："师父听禀。弟子契此虽然熟读圣贤书，入庠游泮宫，只是生性怕嚣尘，喜安静，因此抛却三千世界，向往七级浮屠。希望师父为我点破石头冥顽，使弟子昙钵心开，传接佛灯。"

禅师点头道："话虽如此，只是空门苦处，你如何受得起熬煎呢？"

契此想都没想，就答："弟子既入空门，还怕什么熬煎。"并随口吟出一首《修行诗》：

"白云生处青山冷，茆庵草舍绝尘垒。闲来几卷法华经，困来一枕庐山茗。"

这时，张重天夫妇也走进禅堂，对方丈施礼说："法师，我家契此出家心意已决，你就收他为徒吧。"

契此娘在念佛篮里取出一只布袋子，对契此说："儿子，这是娘连夜做好的布袋，你带在身上，就像看到爹娘一样。"

契此接过布袋，双膝跪地连叩三个响头，转身跪伏在佛像前，再也不起。

方丈对二老说："二位施主请回吧，这孩子将会在佛门成道，为家门添彩。"

闲旷禅师亲自为契此剃度授记，接着，领新徒遍拜三宝尊佛，拜到韦驮菩萨处，契此说自己不久前得了一梦，梦见韦驮菩萨赐了一根六环锡杖。闲旷师听了连连点头说："我晓得，我这就赠你一根六环锡杖。"

从此，在奉化的闹市街头，人们常常能看到一个把布袋挂在锡杖上，挨家挨户募化饭菜的和尚，大家都叫他"布袋和尚"。

## [贰]丛林系列

### 布袋记趣

契此出家后，背着锡杖，挑着布袋，走遍十方。人们总见他布袋不离身，待人和善，都喜欢同他共处，亲热地称他为"布袋和尚"。久而久之，他的本名契此倒反而被人淡忘了。

　　布袋和尚的这只布袋十分神奇。一是深广无边。它看起来不大，但无论多少东西装进去，都不会物满为患。布袋和尚外出化缘，随身所带的一切东西都装在里面，化缘所得的米饭菜肴也倒在里面，从来没有装不下的时候。二是有起死回生、变馊为鲜的特殊功效。有人把死了的鱼投入他的布袋，他毫不生气，仍然笑嘻嘻地收下，背到河边，倒入水中，鱼竟然摇头摆尾活了过来。有人把馊了的饭菜倒入他的布袋，过了一会取出来，却新鲜无比，美味可口。他自己吃不完，招来小儿们，让他们尽情啖食。小儿们吃得津津有味，布袋和尚则坐在一旁哈哈大笑。所以许多孩子都喜欢跟他一起玩耍。三是这只布袋永远用不坏、毁不了。有个无赖常寻衅闹事，他看到布袋和尚整天嘻嘻哈哈，以为老实可欺，加以垢辱，夺下

布袋和尚因其随身而带的布袋而得名

他的布袋点火烧掉。奇怪的是，第二天布袋和尚依然背着那只布袋，来去如旧。无赖以为这只布袋一定是重新做的，又夺过来把它烧了。如此一而再、再而三地夺烧布袋，布袋和尚都大度地容忍了。可是，无赖第四次去夺布袋时，使尽吃奶的力气也提不动这只空布袋。至此，无赖才知布袋和尚不是凡人，乖乖地拜倒在其脚下，恳求说：

"弟子有眼无珠，不识高僧法力，尚祈大师饶我一次！"

布袋和尚点化他说："善有善报，恶有恶报。不是不报，时机未到。时机一到，一切都报。"

从此，这个无赖改恶从善，再也不敢为非作歹了。

## 佛陀赐布袋

布袋和尚的布袋，是佛祖释迦牟尼特地下凡送给他的，难怪这只布袋有如此神奇的法术，后人称之为可以包藏宇宙的"乾坤袋"。

自从弥勒阿逸多转世奉化以后，释迦牟尼有些担心。他在宣布弥勒为自己的接班人以后，有个大弟子优波离曾经表示不同意，说弥勒"具凡夫身，未断诸漏"。对此，释迦牟尼虽然作了解释，但终究记在心上。为了进一步考察弥勒并帮助弥勒在人间修成正果，释迦牟尼决定亲自到奉化走一遭。

那是布袋和尚在裘村天华寺挂单的时候。一天下午，天华寺来了一个老和尚，提着一根禅杖，背着一只布袋，一头癞痢，满脸疙瘩，浑身臭气，衣着破烂。见他走进寺院，和尚们都避得远远的。

专司接待工作的知客僧屏住气对他说："对不起，师父，我们这里已经没有空床位了，请你另找佛门挂单吧！"

"师父呀，你看我又病又饿，哪里还有力气另找佛门？我佛慈悲，你就随便腾个地方，让我休息几天吧！"老和尚干脆坐下不走。知客僧怕有碍观瞻，便为难地说："好吧，我先带你到一间僧房去歇一歇，不过能否留宿，我做不了主。"说完，他就把老和尚带到了契此的僧舍。

契此的房间很小，是贮藏室的后半间，既潮湿又阴冷。契此白天在田里出坡（劳作），晚上就在这里安身。这天傍晚，契此从田头回到僧房，一进门就闻到一阵奇臭，差点把刚吃下去的夜饭吐个精光。他看到一个老和尚躺在自己的床上休息，便问："老师父，你怎么啦，要不要我帮你做点什么事？"

老和尚蒙头大睡，仿佛这张床本来就是他的。契此见他不应，也不去惊动他，在他脚后挪了个空位，蜷曲着身子睡下了。第二天清早，契此一觉醒来，发现老和尚浑身滚烫，看来病得不轻，急忙用土办法不断地拿冷毛巾敷在老和尚的额头上退热。如此一连七天，契此寸步不离地伺候老和尚，丝毫不敢懈怠。

第八天，老和尚终于醒了，不仅没说一句感谢的话，而且居高临下地对契此发号施令起来，一会儿要吃的，一会儿要洗澡，一会儿要修指甲，一会儿嚷嚷口干舌燥要喝水。总之，一刻也不让契此安生。这样又过了七天，契此尽心服务，毫无怨言。

这时，天华寺的住持发话了："契此啊，你服侍病人已经半个月了，菜园子的农活耽误了，厨房里的烧柴也快用完了，快去忙你的事去吧！"契此满口答应，凑在老和尚耳边悄悄说："别怕，我不会丢下你的。听村民说，田螺山有个冷水孔，是田螺水，可以治恶疮，我上山打柴时背你上山，帮你在冷水孔洗一下身子，或许你的病就会好了呢。"老和尚点点头，接着从身边拿过来一只布袋，指着说："你让我坐在这只布袋里，背我上山吧。"

契此背着老和尚上山，开始觉得很重，后来越背越轻，待爬到冷水孔放下布袋一看，老和尚早已无影无踪。再翻布袋，只见袋里留有一块黄布，上面写着四句偈语："弥勒真弥勒，分身千百亿。时时示时人，时人自不识。"

契此念着偈语，仿佛记起前缘。从此无论何时何地，这只布袋始终不离他身边，所以时人都叫他"布袋和尚"。

## 福建化木材

契此出家之后不久，崇福院迁址扩建，改名"大中岳林禅寺"。因建造大雄宝殿，寺里急需大批木材。大规格的寺院建筑木材都要到福建进货，方丈算了又算，无论人力、财力都无法企及。聪明和善的布袋和尚自告奋勇，担当了远赴福建募化木材的重任。临行，方丈再三叮嘱："大殿上梁的良辰吉日早已选定，不可随意更改。限你三月之内，运木回寺。"布袋和尚听罢很有把握地说："师父大可放心，这等小事难不倒徒弟。"说罢转身便走。方丈一听"小事"，又叫住布袋和尚，正色道："此乃寺中大事，切莫看成小事一桩。望徒儿不辱使命，速去速回。"

布袋和尚用锡六环禅杖挑起布袋，踏上了南下募化的征途。来到福建武夷山，只见一座林子全是粗直高大的树木，正是建造大殿的好材料。一打听，知道这片树木是一家寡妇的财产。布袋和尚天天坐在她家门口，敲着木鱼，默默念经。寡妇平常不大出门，听说和尚一直不离开，便出来问道：

"和尚师父，你天天在我家门口敲木鱼念经，莫非是为了募化？"

布袋和尚合掌稽首回答：

"施主一猜就中。贫僧来自浙江奉化，因岳林寺扩建大雄宝殿，特慕名到贵乡募化一点木材，不知施主能否施舍？"

寡妇向来信佛，又听说扩建大雄宝殿，发了善心，便问布袋和尚要募多少木材。布袋和尚指指身上的袈裟回答："多的不要，一袈裟就够了。"区区一袈裟，数量很少，寡妇爽快地说："和尚师父，那你去斫好了。"

　　寡妇派人引布袋和尚到了大树林，和尚将袈裟顺手一甩，这件袈裟像是捕鱼的大网，顿时铺天盖地，把整片树林都罩住了。家人报告：和尚把整座山的大树都砍光了。寡妇不信，进山一看，不但没有了大树，连小草都没剩下一棵，不由得目瞪口呆，半晌说不出话来。待回过神来，她大叫一声：

　　"和尚骗我，我家完了！"

　　布袋和尚跟寡妇说了一偈："趋利求名空自忙，利名二字陷入坑。疾须返照娘生面，一片灵性是觉王。"意思是世上一切烦恼痛苦是贪利求名，如果能够不陷入名利之坑，返照自心（娘生面——本来面目），就是佛心（觉王）。这么一说，寡妇豁然开朗。摆脱了"利"字的束缚，很快恢复了常态。

　　原来布袋和尚早就将木头装进布袋里了，顺手把周边的杂树杂草也收拾干净了。

　　布袋和尚对寡妇说："施主不要担心，三年之后，我还你原来树林，一株也不会少。"待人们离开后，他把削下的嫩枝均匀地插在林地上。果然，不到三年时间，插下去的嫩枝全部长成可用之材，而且棵棵粗壮挺直，山林比原来更加郁郁葱葱。

## 建造岳林寺

　　布袋和尚把募捐到的木材装在布袋里，用禅杖挑着，挑到大海

岳林寺全景

边，把布袋放进海水里，自已提着禅杖赶回岳林寺。师父问他："木材有无募到，为啥两手空空？"布袋和尚哈哈笑道：

"师父，你召集力气大的师兄师弟到井边去搬吧，我带你看木头去。"

方丈随布袋和尚来到井边，只见一段大木头的一端露在井口，上

面还挂着一只布袋。布袋和尚快步近前，收起布袋，回身对陆续过来的师兄师弟大呼小叫："快快把木头拉上来！"于是他们拉了一根又一根木头，取之不尽。

原来布袋装着这些木头从南海潜流到东海，从东海漂到象山港，又钻进象山港边裘村旗螺山一个叫"五通洞"的山洞里，最后涌到岳林寺大水井浮出。

众僧人和工匠抬的抬，扛的扛，运了整整一夜，大家都感到十分疲劳，巴不得早点歇工休息。为首的木匠在地基上查点用材数目，这木匠自称是鲁班师傅的徒弟，人称"活鲁班"。运得差不多的时候，有人性急地问"活鲁班"："造殿的木材够不够呀？""活鲁班"回答："够了！"实际上还差一根。但由于为首的木匠说够了，这根木头就再也不升上来，永远留在井中了。

修建大殿开始动工了，"活鲁班"一一安排建筑材料，先是安排栋梁，接着安排金刚柱……金刚柱需要三十六根，木工们数来数去只有三十五根，还差一根。到处寻找，翻遍捞上来的所有木料，始终找不到这根大木头。这时，"活鲁班"才想到，井中留下的那根大木头就是遍寻不见的金刚柱。再去捞时，他们想尽所有办法，费尽所有力量，都无法捞上来。这根浸在井水里的木头，历经千年，不腐不烂，始终如故，所以有人称之为"井中神木"。井水很深，井口也不大，一般人看不到井底的木头，只有有缘人才能看到，所以到岳林寺的香客没有一个不想见见神木，接接灵气。这是后话。

话说"活鲁班"急得满身大汗，搞得晕头转向。人们都知道，造寺院的建筑材料中，最主要的是栋梁和金刚柱，金刚柱缺少一根，大殿就立不起来。这样的大柱一时又难以弄到。无奈中他想起了布袋和尚。这和尚神通广大，是星宿下凡，无所不能，向他讨教，一定有解决的办法。

"活鲁班"一进布袋和尚的禅房，布袋和尚就开门见山地问："金刚柱差一根，你打算怎么办？"木匠首先检讨："我做事粗心大意，结果少了一根金刚柱，恐怕要耽误整个造殿工程，为此特向师父请教，帮我渡过难关。"布袋和尚胸有成竹地随手拾起一个湿泥团，用手掰成两半，一半做成凹形，一半做成凸形，而后又将两半合在一起，递给木匠去琢磨。"活鲁班"本来就是匠中高手，悟性极高，一看恍然大悟，原来布袋和尚暗示用小木料凹凸相榫，拼凑成一根大柱（另一传说的版本是布袋和尚亲自用木匠刨木头时刨下的刨花黏合而成）。

一根金刚大柱终于拼凑完成。这根大柱与其他各柱同样牢靠，但中间空心。后来，到岳林寺拜佛的人知道了这根金刚柱的来历，都要敲上一敲，大柱会发出"咚咚"的响声，清脆悦耳。

传说到岳林寺看古井神木，有的人还能看到自己的过去和未来。

奉化有一个穷人，在财主家里做长工，事先说好一年的工钿是一头牛，契约上写明做满三年才结账。长工老老实实，早出晚归，做了三年，财主却只给长工三斤油的工钿。长工向他讲理，财主拿出契约来证明。原来财主欺长工不识字，故意把"油"读成"牛"，把"牛"代替"油"。白纸黑字，长工告状无门。

长工吃了哑巴亏，拎着三斤油回家过年。路上他越想越气，路过岳林寺，突然想起，这么点东西拿回家里也派不上用场，好在自己光棍一条，一个人吃饱了全家都无人挨饿，本来打算吃上三年苦，赚到三头牛，讨个老婆，生个孩子，传宗接代。如今理想成了泡影，索性把这三斤油捐给岳林寺点长明灯吧。想罢，他向山门走去。

正在天王殿打坐迎客的布袋和尚，见长工提着三斤油进来，大声叫道："大施主到了，打开正门，全体寺僧出迎！"

长工连忙摇着头，疾步上前说："师父师父，你弄错了，我不是大施主，我只捐三斤油，请你不要大事张扬！"

"这三斤油是你三年的血汗工钿，你全部捐到寺里，岂不是大施主？"布袋和尚十分客气地说。

长工受到岳林寺僧众的盛情接待，把油捐出后，布袋和尚邀请他到井里看来生。只见井里幽幽的，有一束烛光在晃动。不一会，水井明亮起来，也宽敞起来。只见里面有一队执事在开锣喝道，执事后面有一顶官轿。布袋和尚对长工说："这顶官轿给你来生乘坐，报答你对岳林寺的慷慨捐助。"

长工离寺后，到处讲述他在岳林寺的奇遇。这番话很快传入财主的耳朵，他也拎了十斤油到岳林寺来捐赠。

这天正好是岳林寺放斋结缘的日子，奉化境内场面人物的太太、小姐差不多都来了，所以正门大开，迎接嘉宾。布袋和尚仍旧坐在山门内笑嘻嘻地迎接客人，他一见远处走来那个贪婪的财主，大声说："吝啬鬼来了，快把大门关上！"

财主听了，心中不服，责问布袋和尚："以前你们把捐三斤油的人当作大施主，打开正门迎接。今天我捐十斤油，应该把我当作大大施主才是，为什么要关闭正门呢？"

"你那些油是从别人身上刮下来的，无斤无两，无色无味，无受相行识，我根本没有看见，你怎么称得上施主呢？"布袋和尚回答。

财主以为疯和尚说疯话，也不予理论，管自从小门入内，放下油，便去寻水井，看来生。他走到井边，往下一望，也看到了一幅图像：一头老牛拉了一张破犁在犁地，拉得吃草的力气都没有了，跟在后面的老农还在骂它偷懒，用竹梢狠狠地抽它。

财主以为自己捐了十斤油，下世做个王爷总不成问题，这幅老牛耕田图一定是讲的别人吧！

他抬头回顾，周围没有别人，只有布袋和尚在看着他眯眯发笑。再看井里，依然是老牛耕田。正在迷茫时，布袋和尚走过来拍着他的肩膀说："财主呀，今生果，前生因；今生因，后世果。因果报应，毫厘不爽；及早回头，方是彼岸。这幅老牛耕田图正是你今生欺诈、来世受苦的写照。"

财主一听，幡然醒悟，以后再也不做缺德亏心之事，而且广施钱财，大做善事，以图来生好报。

## 分身种田

冬去春来，布谷声声，又到了家家户户割麦插秧的季节。

长汀村自从契此出家以后，少了一个插秧高手，进度明显下降，缺少劳动力的人家尤其着急，纷纷跑到岳林寺求布袋和尚帮忙。这一天，前后有五个乡人造访岳林寺，他们都是请布袋和尚明早去帮忙种田的。布袋和尚竟毫不推辞，一一答应下来。种田人家都有一个老规矩，请人帮忙种田，总要准备一些好酒好菜款待一下。那五户人家先后都去豆腐店买豆腐，而且都高兴地说："欢喜和尚明天帮我家种田，备上一点豆腐做素菜！"豆腐店老板听了心中颇为纳闷：这长汀子从来说话算数，从不失信，这次答应"董卓"，又答应"吕布"，同时到五家去种田，难道他有传说中的分身术不成？

出于好奇，翌日一早，豆腐店老板丢开生意不做，悄悄到这几家农户田里察看。走到千人塘东，见田里有个光头和尚在插秧；走到塘堤北头，又看到和尚在种田。走遍五家田畈，都有和尚种田的身影。于是，他逢人便讲：张太公家的契此和尚真是菩萨化身，有分身之术。

## 预测风云

有一年春夏交替时节，气候反复无常，农民常常因为天气的突然变化忙得焦头烂额。有天午后，烈日当空，布袋和尚身披蓑衣，头戴竹笠，在县江边缓步而行，走到牛车旁边，见一农夫汗涔涔的，正在催促耕牛快走，想尽快把更多的水送到禾苗根部，耕牛直吐粗气，辛苦异常。布袋和尚停住脚步，关切地对农夫说：“你不用太紧张，牛也不要太匆忙，还是让它吃草休息好了。天快下雨了，快把田缺筑得牢一些，准备把雨水引到田里去吧。”

“这么好的天气，怎么会下雨呢？”农夫一百个不相信，继续赶牛车水。

布袋和尚笑呵呵地唱起偈语来：“从来物理有循环，天地仁慈信可攀。不测风云来顷刻，吾僧今日露机关。”农夫半信半疑，但还是听了布袋和尚的劝告，停止车水，让老牛吃嫩草去了。

布袋和尚继续戴笠帽、穿蓑衣往前行走。正在田里插秧的农民看他这身打扮，纷纷向他发问：“欢喜和尚呀，大晴天穿蓑衣不怕人家笑话吗？”

有的干脆挑明：“欢喜和尚晴天戴笠帽，穿蓑衣，是不是神经出了毛病？”

布袋和尚还是嬉笑着说：“天有不测风云，人有旦夕祸福。究竟你笑话我呢，还是我笑话你呢，等会儿就可见分晓。”

对嘲笑他患精神病的人说：“神经有病无病，自有天公回答。你们如果不预作准备，小心当落汤鸡。”

奉化县江

这些农民不相信红日当空竟会下雨，继续低头插秧。哪知不到十分钟，乌云密布，狂风骤起，倾盆大雨从天而降。农民们躲避不及，个个被淋成落汤鸡，浑身发抖，这时候才悟到"不听布袋言，吃亏在眼前"。

从此，人们把布袋和尚的衣着打扮看作天气预报，及时收晒劳作，不再平白地浪费工时，亏损衣食了。

## 县江佛水

奉化县江两岸的人都说："大年三十，县江河水也要贵三分。"这句话来自布袋和尚把河水变成佛水的故事。

相传有一年夏天，奉化县发生了自古以来罕见的大旱灾。县江两岸田地龟裂，稻禾枯萎，江河断流，池潭露底。农民们纷纷求神拜佛，请龙祈雨，渴望老天爷赐甘霖，解除旱情。但是拜菩萨、请龙王、行稻会、演戏文都感动不了老天爷。到了秋收季节，干旱仍未解除，农民们全年辛劳都付诸东流，眼看就要饿肚子过年了。

到了年三十夜，家家户户不要说像往常那样欢聚一堂做年糕，就是煮一点稀饭也困难，更谈不上用余粮酿酒享用。

这一天，布袋和尚一手提着乾坤袋，一手拿着酒葫芦，大摇大摆来到县城闹市。他一边走，一边美滋滋地喝着"酒"。荒年的人们，看见布袋和尚这个动作，个个垂涎欲滴，疑窦丛生。心里想，我们家家户户无米酿酒，欢喜和尚哪里来的酒呀？

一位老者走近布袋和尚，好奇地问："欢喜和尚，你喝的是山里的冷水吧？"布袋和尚眯着眼睛笑道："老天降灾也降福，大旱之年有口福。江水胜似陈酿酒，县江佛水任尔喝！"

老汉听了，以为是胖和尚逗他玩，说："哪里有河水生喝的呀，还胜陈酒？没道理，没道理！"

布袋和尚收了笑脸，认真地说："你如不信，不妨一试。"说完他把酒葫芦递给老汉。

老汉尝了一口，果然香醇得很，他赶往河边，拾级而下，弯腰掬起河水。一尝之下，与布袋和尚所喝的是同一种水，清香醇厚，赛过佳酿。他三步并作两步，疾走回家，遍告村民。村民们闻讯，马上提壶担桶涌向县江桥下，舀的舀，掬的掬，将佛水盛满容器，欢天喜地带回家里。其他村的人知道后，也成群结队，带着各种工具，把县江的水运回家里，将所有的缸、瓶、罐都盛得满满的。这一年，县江两岸的居民，虽然粮食歉收，但县江的佛水却喝得他们醉醺醺、乐陶陶的，也算过了一个好年。

以后，奉化人为求吉利，每到年三十夜，都要去县江桥下挑水，做到"缸缸满，甏甏满"。据说这一天的江水是佛水，喝了可以祛病延年。由于挑的人多，往往要排队等候，又因水浅流干，所以年三十那天的县江水特别珍贵。

## 天童寺吃斋

布袋和尚去福建募化木头时，路过鄞县东乡太白山下的浙东名刹天童寺，忽闻鱼板敲响，才发觉自己腹中已经大唱"空城计"，就迈开双腿，直奔斋堂。

进了斋堂，下面已经没有座位了，他见首席座位空着，就坐上去，等候吃斋。

　　寺内众僧发现这个袒胸露腹的陌生和尚未经挂单登记，却高踞于方丈席上，怪其不懂礼貌，议论纷纷。管斋堂的知客僧上前指责，命他离开首席。布袋和尚当没听见，只是呵呵笑着，身子却丝毫不动。知客僧是寺内负责接待工作的和尚，平时众僧侣对他百依百顺，这次见这胖和尚没把他放在眼里，顿时火冒三丈，见劝说无效，便动起手来，扭住布袋和尚的大耳朵往下拖。不料耳朵越拉越长，布袋和尚的身子却依然端坐不动。众僧十分惊异，恰好此时方丈密云大师进入斋堂，见状，他知其大有来历，赶紧喝退众僧，上前施礼，恭请布袋和

天童寺

尚于上座用斋,命侍者在下位加了一条凳子,自己坐在末位相陪。

布袋和尚圆寂以后,天童寺很快得知他是弥勒菩萨化身的消息,不仅同岳林寺一样,在山门正位上塑了布袋和尚的像,斋堂排座也改变了一般的格局,原来的方丈座位上供奉着布袋和尚的塑像,历代方丈一律坐在佛像下首用斋。后人还在布袋和尚的塑像两边挂了一副对联,风趣而工整。上联是"弥勒示贫相,稳坐主位,当纠察拖耳耳拖长";下联是"密祖现海量,喜让客僧,命侍者移座座移位"。

## 大肚庄主

俗话说:"林子大了,什么鸟都有。"裘村天华寺本来也是一座香火鼎盛的大刹,平时有好几百位僧人过堂,但在战乱年代也难免良莠不齐,和尚中出了少数败类。寺内不法之徒,瞒过方丈,时常在做法事的香客中寻欢作乐,偷玩漂亮女人,引得地方官府和商贾纷纷向朝廷告发。

一天,一大队奉旨出动的官兵浩浩荡荡向天华寺扑来。进寺后,京兵头领喝令方丈把全寺僧人召集到一起,让受害女子们指认。可是,她们细细辨认了半晌,就是找不出一个"花和尚"。原来,那几个不法之徒一听京兵奔寺而来的消息,早已脚底抹油,逃之夭夭。一无所获的官兵当然不会就此善罢甘休,他们点起几把火,几小时工夫,就把天华寺烧成一堆瓦砾。

官兵走后，天华寺方丈召集全体僧人商量劫后对策。布袋和尚恰好在天华寺挂单，便向方丈提议，投奔县城岳林寺栖身。老方丈面露难色，说道："本寺虽毁于一炬，但寺院所有数量可观的水田、旱地、山林和海涂尚完好无损。这些世代相传的寺产，抬不动，背不走，该如何处置呢？假如托付他人，一时半会儿到哪里去找可靠的人呢？"

布袋和尚是个不知困难为何物的乐天派，听师父这么一说，便笑盈盈地接口道："师父呀，这也算是难题吗？我想，您老不妨让我在此留守，我一定把寺产管理好，一年一度将收获的财物、租金上缴到岳林寺，请您点收就是。"

方丈一听，颇觉入情入理，随即做出决定，大部分僧人投奔岳林寺，挑选四五个老实巴交的小和尚，与布袋和尚一起留下来，并吩咐道："今天你们拜布袋和尚为师，一切听他安排，并受他管束，协助他做事。"方丈沉思良久，又道："我们天华寺僧众和所有财产以后都归岳林寺名下。这样，留在这里的人也理应归属于岳林寺，这里就称'岳林庄'吧！"

方丈领着天华寺的大部分僧人去岳林寺以后，布袋和尚带领小和尚，从天华寺的废墟里挑选了一批旧料废石，开始修筑岳林庄。附近村庄都了解天华寺绝大部分和尚都是循规蹈矩的佛门弟子，而今听说那位足智多谋、喜结善缘的欢喜和尚留下不走，做了庄主，备感欣慰，纷纷出钱出力，很快便垒筑成了三间像模像样的房子。布袋和尚将几尊完好无损的菩萨金身请入中间，又按照老方丈临行嘱咐，毕恭毕敬地在门额上题写了"岳林庄"三个大字。

开庄那天，人们纷至沓来，庄前刚刚平整出来的那块空地站得水泄不通。据说那天贺喜的馒头堆成了一个小山包。初为庄主的布袋和尚迎来送往，各方应酬，忙得大汗淋漓，干脆甩掉袈裟，袒胸露腹，当地人对布袋和尚的称呼本来已有好几个，如"笑和尚""欢喜和尚""眯眯菩萨"等，这下又添了新称呼——"大肚庄主"。

## 囊沙筑海堤

岳林庄位于东海岸。有一天，布袋和尚漫步庄前的海湾边，抬头看到那片常受海潮侵入、无法正常耕种的荒地，笑不出来了。恰好有一批逃难的外乡人从这儿经过，打算渡海谋求生计，布袋和尚连忙把他们拦住，问道：

"你们愿意不愿意在这儿安身立命呀？只要把海水围住，造田耕种，不出三年就可以丰衣足食了。"难民们一听，无不赞同。

第二天，和尚杖挑布袋，笑呵呵地去衮村造访乡贤。布袋和尚寻思，拦海筑堤，把那片长久荒废的塘田改造成旱涝保收的良田，这样，不但可以安顿避乱难民，而且可以造福邻近乡民，一举两得。布袋和尚的想法，得到了乡贤们的认可。不出几天，衮村等邻近村庄的乡民被召拢来，加上百余个难民，在布袋和尚亲自带领下，分两路人马组成筑塘队伍，声势浩大地开始了向大海要田的工程。

筑海堤需要大批块石，以前也不是没人想过围海造田，只是因为海潮很急，头天放进去的石头第二天就被海潮冲走了，所以没人敢啃这块硬骨头。在布袋和尚带领大家筑堤围海的日子里，人们发现一个奇怪的现象：别人家筑海堤，往往是又打木桩，又取海泥，还运石头，而布袋和尚只让大家把基层的浮土挖掉，填上柴草，然后覆上黄泥。每日傍晚，布袋和尚总要独自去几里外的横江口海边，用青布袋背回黄沙，然后摸黑在新筑的那段堤岸上边走边撒。第二天开工时，细心的人总觉得昨夜收工时海堤没有这么高，黄泥变成了沙泥，看上去也更加结实。如此这般往复了一段时间，一条长堤修成了，东起岳林庄外海边，西至十字塘古渡，就像一条长龙卧在海滩边上。令人奇怪的是，这条沙堤竟固若金汤，潮不能毁。

乡民、难民齐心协力，又挥动锄头、铁耙平整塘内的荒地。不几天，平平整整的一大片水稻田形成了。流亡的难民，或租田种庄稼，或下塘捞小鱼，过上了安居乐业的生活。从此，这块土地再也没有遭到过海潮的冲击，年年丰收，岁岁平安。

布袋和尚囊沙筑堤的故事，被后世奉化的多种地方文献所记载。这条海堤在新中国成立后仍发挥着良好的效用。当地至今仍流传着两句民谚："庄下沙堤为啥会介牢，全靠眯眯菩萨筑得好！"

布袋和尚趁热打铁，又提议把啸天龙一带的海涂围筑起来，造更多的海田以造福后人。有了第一次成功，大家更有信心了，因此热烈响应。大肚庄主开始构思堤坝的建造方案，经过实地察看，确定大坝从啸天龙山脚开始，到东宿度结束，在峻壁溪下游截断溪流，计划第一年从啸天龙到庄下埠头，第二年从庄下埠头到东宿度，第三年截溪设碶完成围海造田。乡亲们男女老少上阵，你追我赶不松劲，三年的围垦计划准时完成，得田两千多亩。

完成截溪设碶后，在取碶名时颇有一些争议，乡亲们认为是大肚庄主率先提出围海造田，并亲自操劳，功劳最大，碶名应与岳林庄相关联，称"岳林碶"。布袋和尚认为围海造田中，周围十庙界下的乡亲们劳苦功高，应把碶名定为"十庙碶"。最后大家接受了大肚庄主的谦让，将碶名定为"十庙碶"。

为了感谢大肚庄主，乡亲们将布袋和尚在与大家研讨工程时经常就座的石墩移到十庙碶旁，称之为"弥勒墩"，将所围垦的海涂称为"和尚塘"。

## 松针育苔菜

冬天到了，北风怒号，天寒地冻，岳林庄里贮存的食物越来越少。

一天，有个老汉背着一大筐青菜跨入岳林庄的大门，一进门便

大声嚷嚷:

"笑和尚呀,今年的天气特别冷,地里的蔬菜冻死不少,我挑选了一筐好菜,给你们尝尝鲜。"

布袋和尚闻声,乐呵呵地迎了上去,连说:"太好了,太好了,真是雪中送炭啊!"

老汉深情地说:"我们海边人家,守着这片好水,吃鱼剥虾,还煮弹涂鱼,可你们出家人却没有福分吃上这些海鲜,实在可怜呀。"

"无妨,无妨,也许海中也有我们出家人可吃的素菜呢。"布袋和尚煞有介事地回答。老汉听了,先是一愣,继而拍拍布袋和尚的大肚皮说:"欢喜和尚,庄里吃的东西都快没有了,你还有闲情逸致跟我老头开玩笑。海里长的都是活物,哪有素菜可吃呢?"布袋和尚一脸神秘,笑而不答。

第二天一大早,布袋和尚喊醒还钻在热乎乎的被窝里的小和尚们,命他们速速到庄后松林里去采摘几筐松针来。徒儿们一边出门,一边心里嘀咕:师父是否糊涂了,难道松针也可以做成小菜吃?

小和尚们采松叶归来后,布袋和尚便带着他们直往庄外海涂走。他撩起袈裟,跳入海涂,撒起了松针。徒儿们也吃力地在泥涂里拔来拔去,依样画葫芦。他们弄不清楚师父葫芦里卖的是什么药。

当日夜里,累了一天的徒儿们倒头大睡,鼾声呼呼。布袋和尚带上门,独自悄悄出了庄。他站在海堤上,面朝海涂,口念"长,长,长",夜色中,白天撒过松针的那片海涂,隐隐约约漂浮出一片片青苔,布袋和尚下涂采集一大把青苔,在淡水与海水交汇处洗净泥渍,转回岳林庄。

第二天吃早饭时,小和尚们发现饭桌上有一碗碧绿青翠的青苔。这种青苔以前只有河塘里有,奉化人管它叫"青衣",从来没人拿青衣当小菜。一个胆大的小和尚皱起眉头埋怨师父:"庄里吃的东西再少,师父也不能叫大伙吃青衣填肚子呀!"

布袋和尚说:"你们有所知而有所不知。这不是河里的青衣,而是海里采来的青苔,试试看,味道可不一般呢!"说着,自己夹了一筷

以海苔为原料做成的千层饼是奉化特产

子大嚼起来。小和尚们也跟着动起筷来，品尝之后，都说味道十分鲜美。

庄主对小和尚们说："你们要知道，地上三样荤，韭菜、大蒜、葱；海里三样素，海苔、海带、紫菜。"

从此，象山港岳林庄外的海涂上，生发出大片大片绿色的海苔、海带和紫菜。渐渐地，这些植物长满整条象山港沿岸的滩涂。布袋和尚将这些叫作"海中素菜"。消息传开后，十里八村的乡民纷纷下海涂去采海中素菜。吃不完，便一丝丝、一条条、一片片挂在架上晒成干，藏在家里当长菜，还挑到别处去换取油米酱醋茶。这种菜没有鱼腥气，却有海鲜味，既能直接当菜，又可与其他食品合成做汤或炒制，如虾皮紫菜汤、苔菜炒花生米、苔菜炒年糕、海带骨头汤等。奉化人都说这是布袋和尚留给家乡的礼物。

奉化海涂历来盛产优质苔菜，色香味美，名气最大。据说晚清时，裘村镇河泊所苔菜曾一度列入江浙贡品，年年送入京城，供皇家享用。

## 雪窦弘法

布袋和尚出家前博览群书，出家后又细读了《心经》《金刚经》《弥陀经》《观音经》《楞严经》，精读《上生经》《下生经》《瑜伽师地论》。他无师自通，记忆超强，弘法利生，因人施教，终成一代高僧。

　　布袋和尚云游四方，十方丛林是他常去的地方，雪窦寺也不例外。雪窦寺与岳林寺相距五十多里，最后一段山路崎岖，步行需三四个时辰。

　　雪窦山群山环抱，大树林立。雪窦寺前有千丈岩，上有妙高台、三隐潭、徐凫岩。再上去有海拔915米的乳峰，以及有"第二庐山"之称的商量岗。优游于山水之间，目送悠悠白云，耳听潺潺流水，吟风啸月，无拘无束。这样的清净世界，正是僧人们梦寐以求的修为胜地。

雪窦寺山门

　　布袋和尚到雪窦寺挂单后，就弘法讲经。开始时，他静坐在雪窦寺山门外，待香客多的时候，就大讲禅宗公案，强调心性本觉，佛性本有，主张明心见性，见性成佛。进香的人听得津津有味，越聚越多，进出山门的小和尚驻足静听后，眼界大开，见识骤增。他们将寺内几块木板搬出来，又请香客帮忙，将山涧里的四块大石头搬到讲经处，铺上木板，成了一个露天讲经台。

　　那时雪窦寺还叫"瀑布观音禅院"，简称"瀑布院"，因寺前有千丈岩瀑布而名。方丈是避战乱而从洛阳颠沛东来的常通禅师。

　　布袋和尚是众多行脚僧中最受常通禅师欢迎、赞赏的僧人，常通

雪窦寺大雄宝殿外景

有时外出云游，就请布袋和尚主持寺事。

布袋和尚与雪窦寺结有不解之缘，山门外为他讲经而搭的四块大石头一直保存到1958年之前才被人抬走，不明去向。

## 布袋和尚与摩诃居士

摩诃姓蒋，名宗霸，字必大，是奉化溪口蒋氏第二代先祖，五代后梁时任明州（宁波）评事，因从不阿谀权贵，以"评议"不当而被罢官，后离开明州府，来到奉化城北三岭村应家山隐居。

三岭村应家山距桥西岸的岳林寺不到十里路。蒋宗霸初一、初六去大桥赶市日时，见到过布袋和尚，也曾听过布袋和尚的街头开示，他觉得布袋和尚所言之核心，正是自己为人处世的准则。布袋和尚那些"宽却肚皮常忍辱"的奇怪行为，在蒋宗霸看来，是佛门弟子的无上境界。

有一天，布袋和尚自阿育王寺探友回岳林寺，见山门外有一个居士在等候，声称要拜布袋和尚为师父。布袋和尚见此人慈眉善目，举止出众，言谈文雅，便请进禅堂奉茶，并且告诉他："你不要错了念头，空门清淡，非咬断菜根，难许问津，不得轻言出家，请思之再三。"

蒋宗霸坚决地说："师父，我从小父母双亡，娶妻林氏，生有一子名唤浚明，年方十四，家有薄田，可保母子生活无忧。弟子我久已厌却凡尘，昨晚已经别妻别子，一心出家。烦望师父收入慈航，休推钵外。"

布袋和尚见蒋宗霸虔诚，一心遁入空门，满心欢喜，欣然收他为徒，并给他起了法名摩诃，教他念诵《摩诃般若波罗蜜多》为日课，摩诃常常念诵《摩诃般若波罗蜜多》，人称摩诃居士。

一年夏天，师徒俩从太白山天童寺访友回来，走到长汀洪郎潭边，布袋和尚觉得背上奇痒，便跳进洪郎潭洗澡，摩诃也跳进水里说："师父，你背痒，弟子替你搔痒。"说罢，他撩开布袋袈裟，为其擦背，擦着擦着，忽然看到布袋师的背上张开四只炯炯发光的眼睛，光影里透出一派佛经上描述的天界景象！蒋摩诃不由得大叫起来："师父，你的背忽开异境了！"

布袋和尚沉默良久，整衣起身，坐到地上，对摩诃道："徒弟啊，我已经被你看到异境，恐怕不久就要离开你了，你不要跟任何人说。"

摩诃大惊，急忙跪在地上说："师父，你不能走，徒弟还须你早晚提点，潜心参悟，你不可把徒弟撇下呀。"

布袋摩挲着摩诃的头笑着说："摩诃呀，难得我俩有缘，师徒一场。我圆寂之后，稍后几年，我们还会相见的。只是我想募化一块建造塔院的基地，还未达成心愿。"

摩诃说："师父，弟子常常走过月岭，看到凤山东麓封山是块风水宝地,那是我俗家邻村沈氏的祖产,上有沈氏始祖的坟茔。我们何不向沈家去募化一块地基呢?"

布袋和尚仰天大笑,之后欢喜地拉着摩诃说:"正合我意,走,去沈家募基!"

五代后梁梁贞明三年(917年)三月初三上午,契此让摩诃到自己的禅房,笑容满面地说:"徒弟啊,明年今日,我会摘弥勒果给你们,你要好生记住。"

摩诃大惊失色道:"师父,你真的要离开摩诃了吗?"

布袋和尚微笑颔首。

"师父还在英年,徒弟舍不得你,恳请留下。"

布袋和尚与摩诃师徒一场,感情很深,他们形影不离已经有好多年,一起诵经礼佛,一起云游丛林,还一起募基化木,共渡难关,一旦离别,纵然是心空万物也不免悲从中来。布袋和尚问:

"摩诃,你想富贵吗?"

"富贵怎么能久远啊,但愿子孙久远就可以了。"摩诃答。

布袋师解下身上的布袋子,往里边放了好多小人及一条绳子、一只箱子,交给摩诃说:

"摩诃啊,我把布袋传给你,这布袋里的事就是你后代的事。希望你速登莲座,看空三千世界。法华可诵,慈航可度,愿你儿孙世代荣华。"

摩诃跪地接过袋子,拜谢师父传钵之恩。

## 圆寂留佛偈

后梁贞明三年(917年)三月初三,布袋和尚对摩诃说:"我要去兜率陀天了。你准备好纸笔,我给你留个偈吧。"

摩诃立即铺纸磨墨,契此站起来,将笔在砚台的墨水里蘸得饱饱的,就纸一挥,纸上出现了一首偈语:"一钵千家饭,孤身万里游。观人青眼在,问路白云头。"

摩诃知道这是师父毕生修禅的真谛,见师父意犹未尽,便请求他再赐一偈。契此凝神片刻,又写一偈:"弥勒真弥勒,化身千百亿。时时示时人,时人自不识。"

写毕,他命摩诃把蒲团放到东廊盘石上去,然后自己端坐在盘石上,合掌屏息,溘然而逝。

正午,岳林寺西廊上的云板急促地响了四下,紧接着,钟楼、鼓楼上的钟鼓连续响起。寺僧们听到钟鼓齐鸣,知道有紧急之事,全都跑向法堂集合。只见摩诃手捧布袋子静静地宣布讣告:"各位沙门兄弟,布袋师升天了!"

众沙弥听了,无不唏嘘流泪,齐声念诵:"阿弥陀佛!"

寺内当家同摩诃合计一番,一面请人去封山塔基筑塔,一面派小和尚把布袋师遗体安放在一只大荷花缸内,将六环锡杖和青瓷净瓶

岳林寺东廊涅槃石

也放进缸内，上覆用翠柏、香花扎成宝塔状的灵盖。灵前摆香案、上
供品。一切就绪，当家率两序众僧依次向灵龛上香稽首。拜毕，留下
摩诃守灵，其余分头筹办布袋师灵躯入塔事宜。

　　长汀人听到欢喜和尚圆寂的消息，心里好生不舍，张氏族人纷
纷到岳林寺祭奠，男人们还要求摩诃派他们去封山为布袋师修塔。众
人齐心合力，只两天时间，就在封山东麓山腰上造了一座宝塔。塔基
用砖石砌成，宽、高各一丈，南面敞口，供灵龛入塔，基上立一座七层
小塔，仿摩尼珠结顶。

　　布袋和尚人缘极好，可在当官的人眼里却是个疯疯癫癫的痴和

尚。有个镇亭长一看到他就加以诟辱，也曾经夺下布袋焚烧过。后来当他知道这疯和尚造岳林寺、筑千人塘、围海造田，做了许多好事时，才心有愧疚，听到布袋和尚在岳林寺圆寂的消息，亲自把安葬费送到岳林寺表示忏悔。

布袋和尚圆寂以后，还有一段令人诧异的传说。

话说蒋摩诃对师父十分怀念，在他居住的城北应家山专门造了一座精舍，取名"奉师塔"，供奉布袋和尚塑像，朝夕礼拜。他还作了一首《颂布袋和尚》诗："兜率宫中阿逸多，不离天界降娑婆。相逢为我安心诀，万劫千生一刹那。"

布袋和尚过世十年后，宁波有一个与布袋和尚相熟的人去四川出差，在栈道上遇见布袋和尚，布袋和尚对他说："四明有个蒋摩诃，请为我带个口信，请他自加保爱，以待相见。"

那时候，蒋摩诃已经在宁波小盘山筑庵净修，养了一只黄狗守门。每到米用完时，就把一百铜钱放在布袋里，挂到黄狗颈上，让它去山下籴米，往来二十里，从无出过差错。这一天，摩诃正在法堂打坐，那位从四川回宁波的人到小盘山，向摩诃传达了布袋师的口信，摩诃说："我已经知道了。"随即设斋会与亲友告别，沐浴趺坐而逝。

摩诃居士在应家山建造的那座奉师塔，直到清光绪年间依然存在。

## 定应大师

长汀张氏家族奉布袋和尚为义祖，年年清明要去封山中塔祭扫，祭奠后，一些胆大的人还要在出气孔里瞻仰安放真身舍利的荷花缸。某年有人发现荷花缸外有几枚长长的指甲，立即把这个发现报告给县令。奉化县令姓卢名锡（《定应大师传》为卢释祇），素仰布袋和尚，曾经参加过他的入塔仪式。听了此话，他亲自去中塔察看，果如所报，以后常常留意，时时关注，只见指甲月月加长，都快把荷花缸圈起来了。恰逢福建莆田县令王仁佶来到奉化，得知布袋和尚已经过世，十分惊讶，对卢县令说："卢兄，我在半个月前刚刚看到过布袋师，他还给了我一封信，说若是七天之内没有人来取信，可以拆看。你道信里写的是什么？请看！"

卢锡展开信札，上面写的正是布袋和尚辞世时留下的偈语：

"弥勒真弥勒，化身千百亿。时时示时人，时人自不识。"

二人不敢相信，当即带了一批衙役去封山塔院查看。打开塔门一看，所有在场的人都怔住了，原来荷花缸里面根本没有和尚舍利，只有一只青瓷净瓶，荷花缸旁边那根六环锡杖也还是原来的样子！

卢县令更加敬慕布袋和尚了，叫人画了一帧布袋师图像，请进县署供养，据说"风雨随至，祈祷殊有验"。

消息一传开，人们更加相信布袋和尚是弥勒菩萨化身，因为这尊菩萨成天笑容可掬，于是称其为眯眯菩萨。有不少信徒去中塔烧香拜佛，有难时向眯眯菩萨祈求，据说有求必应。

此后，人们发现安放布袋和尚真身舍利的中塔，在晚间闪闪发光。到了宋哲宗朝，有位姓陈的县令，他的老祖宗是三百年前与布袋和尚相交深厚的福建陈居士，为了不忘祖德，陈县令把中塔的这些灵异现象写了一个奏折上报给朝廷。哲宗皇帝看了奏折，大为感动，敕封布袋和尚为"定应大师"。岳林寺住持把皇帝的御书"定应大师"四字刻石勒碑，在中塔西边建塔亭供奉。

封山到处是岩石。传说石头上的坑坑洼洼都是布袋和尚的遗迹。现在还遗留着放置锡杖及钵盂的孔穴。放钵的孔穴深浅小大跟钵盂一样，终年有水，即使大旱也不干涸。这个水穴位于定应亭东侧，经中塔寺和尚不断拓展，现成为宽一米五、长三米的水槽，在没有自来水之前，是一寺僧众唯一的饮用水源。

## [叁]异地应迹系列

### 智救工匠

五代十国时期的吴越国国都在有"三秋桂子，十里荷花"的杭州城，所属有十三个州，是十国当中最美丽、富庶的国家之一。国王姓钱，名镠。王宫里啥都勿缺，就缺一位公主。钱镠常常面壁发呆，郁郁寡欢。等呀等，王妃终于又怀孕了，生下一位公主。

钱镠晚年得女，大喜过望。公主满月时，他下令在宫内大摆宴席，以示庆贺，并诏令全国上下停止劳作一天，与民同乐。

小公主长得逗人喜爱，雪白粉嫩的小脸蛋上一对大眼睛忽闪忽闪，好像会说话似的，笑起来露出两个深深的酒窝，高高的鼻子下面是一张樱桃小口，在宫里人见人爱，都想抱上一抱。小公主一天天长大，天真烂漫，能说会唱，引得国王终日陪伴着她，甚至把上朝听政的事也丢到了脑后。

在百依百顺、万般娇纵之下，小公主渐渐变得任性起来，稍有不满，就大哭大闹。国王不仅不加以教育，反而千方百计地答应她的种种无理要求，使小公主的脾气越来越坏。

小公主七岁那年夏天，一场倾盆大雨夹着隆隆雷声，把小公主从午睡中惊醒。她出门一看，只见地上积起了一寸深的雨水，水面上溅起一个个小水泡。水泡泡生了灭，灭了生，有的大，有的小，小公主看着看着，突然异想天开，她转身进入屋内，拉起父王往外走。

父女俩在屋檐下蹲下身来，一起看水面上的小水泡。小公主双手搂住国王的脖子撒娇道："父王父王，我想用它做成美丽的花环，戴在脖子上。"国王听了，十分为难。他知道水泡泡一碰就破，怎么能用它做成花环呢？就哄女儿说：

"乖宝贝，父王给你换一样东西好吗？不管你要什么，父王都给你，而且肯定比水泡泡做成的花环好。"

　　小公主根本听不进去，一面眼泪滚滚，一面就要往外跑："我不要任何宝贝，就是要水泡泡做成的花环。父王要是不答应，我就跳到河里去。"

　　看到泪如雨下、寻死觅活的宝贝女儿，钱镠一下子没了主意，急忙拉住女儿，连声答应："好! 好! 父王答应你，立即派人去做。"小公主这才转哭为笑，等着戴水泡泡做成的花环。

　　昏了头的国王完全失去理智，下令把国内所有的能工巧匠都召集拢来，命他们在三天之内用水泡泡做出花环。工匠们面面相觑，谁都不知道这水泡泡花环该怎么做。两天过去了，工匠们依然在发呆，而小公主整天逼着要用水泡泡做的花环。爱女心切的钱镠王又下令工匠们在十二小时之内做出水泡泡花环来，不然就全部砍头。

　　只剩下最后一个时辰了，工匠们想不出任何办法。刽子手磨刀霍霍，只等一声令下，人头就要落地。在这千钧一发之际，云游到杭州的布袋和尚来到了现场。他自告奋勇，求见国王，声称能做水泡泡花环。

　　愁容满面的吴越王一听说有人会做水泡泡花环，马上召见，一见面就迫不及待地问道："你会用水泡泡做花环，此话当真? "

　　布袋和尚一脸正经地回答："我怎敢跟国君开玩笑呢? 只是在做水泡泡花环之前，请您答应我两个条件。"

　　国王连连点头，说："只要你做出水泡泡花环，不要说两个条件,就是十个、百个我都答应。赶快说出来,我立即去办!"

布袋和尚说:"第一,请陛下放了抓到官中的所有工匠;第二,既然水泡泡花环是献给小公主的,理当选最好的水泡泡来做,我要请小公主亲自帮我选出最好的水泡泡来。"糊涂的国王全部答应。一面命人把待杀头的工匠全部放掉,一面把小公主叫来拣水泡泡。

听说有人会做水泡泡花环,小公主高兴得连蹦带跳地跑了出来。见到小公主兴高采烈的样子,愁了几天的国王也绽开了笑颜。他拍着小公主的肩膀说:"别急,花环还没有动工。先把你最喜欢的水泡泡挑出来,好让和尚穿起来。"

小公主跑到水地里,布袋和尚装作很诚恳的样子说:"聪明的公主,请您把最美丽的水泡泡挑出来,让我穿一个最美丽的花环给你。"小公主满心欢喜地走到水边去挑水泡泡,不料她的小手一碰到水泡泡,水泡泡就"噗"的一声破灭了。小公主老半天也捡不到一个水泡泡。这时,布袋和尚开口了:"尊敬的公主,水泡泡就像水中月、镜中花一样虚幻,只能看,不能摸。追求虚幻的东西,最后只能失望啊。"聪明的小公主立刻领悟了布袋和尚所说的真谛,从此变得懂事起来,不再任性胡来了。

## 口飞小鸡

一天，布袋和尚在杭州附近一家寺院挂单说法，突然，远处传来一阵车马的喧嚣声，还不时地夹杂着狗吠声。

嘈杂的声音，惊动了正在聆听布袋和尚说法的众僧人。方丈皱着眉头，吩咐小和尚出去察看一下究竟来了什么人。不一会儿，小和尚来报："山路上一队官兵开道，后面轿子里不知坐着什么官儿。听四散奔逃的路人说，可能是新上任的县太爷打猎回来了。"

方丈叹了口气说：

"听说这位县太爷是个不学无术之辈，但却擅长溜须拍马、欺上瞒下，独断专行、鱼肉百姓。佛门清净，可不能让他进来骚扰。"

话音刚落，小和尚又飞跑进来报告："师父，那些人朝寺院方向过来了！"

"方丈不用着急，小僧去挡住他们。"布袋和尚说完，就大步迎出山门。

再说，这位爱找碴的县令上山打猎，一无所获，心里很不开心，路过寺院，想进寺找找碴儿，发发闷气。

县官走到寺院门口。门外站着一个袒胸露腹、圆头大耳的胖和尚，拦住去路，说："请施主留步，施主身上沾有血腥，会玷污佛门净土。"

这个县官孤陋寡闻，不知道大名鼎鼎的布袋和尚。他用居高临下的口气发问：

"请问师父是从小出家的，还是半路出家？"

布袋和尚平静地答道："贫僧是半路出家。"

县官故意奚落道："我看师父也像是位有德行的高僧，为何却身披如此破旧的袈裟，难道不怕玷污了这方佛门净土吗？"

布袋和尚微微一笑，随即正色答道："不瞒施主，贫僧这身袈裟初穿时也曾鲜艳光洁，只是后来被那些野狗撕碎，因而成了百衲衣。如今我虽身披破旧袈裟，但六根清净，一意向佛。而尘世间有些得势一时者，虽然锦衣玉食，却不行善积德，反而到处生事，真是大大作孽！"

县官听了这番指桑骂槐的话，气得七窍生烟，火冒三丈，正待发作，忽听墙外有小贩在叫卖茶叶蛋。他眼珠一转，想到了歪点子，便问布袋和尚：

"师父，你们出家人可是吃素的吧？"布袋和尚回答："是啊！出家人以慈悲为怀，从不杀生，自然是吃素不沾荤腥。"县太爷一面点头称好，一面命随从去买几只茶叶蛋来。

茶叶蛋买到，县太爷狼吞虎咽地吃了两只，将另外两只递给布袋和尚：

"师父，你也尝尝。"

他暗地里想，鸡生蛋，蛋生鸡，这鸡蛋当然是荤的。现在我县太爷请你吃茶叶蛋，不吃是对客人的大不敬，吃了我可要治你个和尚破戒之罪！

谁知布袋和尚连想也没想，接过茶叶蛋，就一口一个吞入肚中。县太爷正想借题发挥，却听到布袋和尚唱起偈语来：

"混沌乾坤一壳包，也无皮骨也无毛。贫僧度尔西天去，免在人间受一刀。"他刚唱完，只见两只小鸡从布袋和尚张大的嘴巴中飞了出来，一眨眼，就羽毛丰满，拍拍翅膀飞走了。

这一举动，把县太爷看得目瞪口呆，半天说不出一句话来，急忙站起身来，带着一帮随从灰溜溜地走了。

## 和气生财

中国商家有一习俗，就是在家中或店铺供奉财神，每月初一、十五，甚至每天早晚焚香祈祷，以求财源滚滚。财神是神话小说《封神榜》里姜子牙封赏讨伐商纣王、建立周朝战争中死难将士的职位之一，一位是赵公明，人称赵公元帅（文财神），另一位是黄飞虎（武财神）。可是到后来，有的家庭店铺的财神位上摆放三国时关羽老爷或布袋和尚的塑像。关公执青龙偃月刀一脸正气，布袋和尚手捧大元宝一团和气。

布袋和尚是佛门中人，佛法戒律中最常用的三条是戒"贪"、

　　"嗔"、"痴"，佛教徒想"普度众生"，也无非是劝化大家要按照这"三戒"立身行事。"贪"、"嗔"、"痴"与"招财进宝"是水火不相容的概念，布袋和尚怎么也成了人们心目中的财神爷了呢？这里有一个鲜为人知的传说。

　　据传，大年三十，家家户户要请众神谢年，可是把脏神——姜太公老婆给忘了。她气不过，常常来找立在墙脚的姜太公闹事。姜太公是个廉洁奉公的"百家宗师"，他封了那么多高高在上的神，只封了老婆一个最低贱的破烂王，而自己却连座位都没有，只能立在墙脚监视众神是不是恪尽职守。老婆年年来闹，他一脸的严肃，就是不搭腔。有一年新春，布袋和尚路过墙边，看到这对夫妻冤家又在吵闹，脏神气得捶胸顿足、七窍生烟，像要同姜太公拼命。眼看事情要闹大，布袋和尚过去拉架，对脏神说："这样吧，明天是年初五，今晚最后一个时辰，人们会在三岔路口摆香案接五路财神，我让人们再放六只爆竹，帮你破掉脏气，然后你就可以同其他神一样享受人间香火了。"脏神欢喜不迭，安心回到自己的神位去了。

　　因为没有脏气，财神们也精神倍增，商家的生意更加顺利红火。大家相信布袋和尚的一团和气能驱走脏气，和气生财，所以把他的像请到财神位上，以增加喜气、福气和财气。

## 落佛村

距宜昌县城六十里的长江岸边有个小小的村庄，叫"落佛村"，山不高，耕田面积也小，可低山茶叶十分有名。传说那茶叶的种子是布袋和尚从雪窦山带过去的。布袋和尚云游时，曾到过宜昌县太平镇附近的山区。那里虽然山清水秀，气温适宜，但与奉化相比，山林资源品种少，质量差，村民生活清苦，于是布袋和尚大发善心，欲将奉化的高山云雾茶引种到宜昌去。

布袋和尚在雪窦寺挂单期间便去寺院周围山村察看，发现东山、东岙等地都有上品茶叶，于是采了几粒茶籽装入布袋，起程前往宜昌。到了宜昌县太平镇一带，他开始寻找最适合栽种茶叶的区块。此时，他碰到一个妇人，问和尚寻寻觅觅想做什么。布袋和尚向她说明来意，那个妇人爽快地说："我带你去一个地方，包你满意，你把眼睛闭上。"

布袋和尚睁开慧眼一看，知道这妇人是观音菩萨化身，便认真地闭上眼睛，只听耳边有呼呼风声，不一会儿，听到有人大叫："大家快来看，天上有两朵云，前面那云像不像观音菩萨？"布袋和尚睁开眼睛，"砰"的一声，人落在地上，那妇人却不见了。大家立即围住他，叫他"活佛"。布袋和尚也不解释，只是把一布袋茶籽分给大家，还向他们传授茶籽的育种，茶树的培育，茶叶的采摘、加工等技术。后来村民们精心培育出了质量上乘的茶叶,走上了种茶致富的新路。他们饮水思源,致富不忘引路人,于是把村名改为"落佛村",每年采摘茶叶前,都要在茶山脚下举行祭拜弥勒菩萨和观音菩萨的仪式。

### 河北蔚县弥勒寺传说

距河北省蔚县正北四公里处,有一座弥勒院,始建于清乾隆四十年(1775年),占地面积一万多平方米,建筑面积七千平方米。寺院正面进去是山门,山门墙壁上有四大天王画像,威武勇猛。院东侧是钟楼,西侧是鼓楼。过山门是弥勒殿,殿内正中供奉着弥勒菩萨,背面供奉着观音菩萨,两边是八大金刚、二十四诸天塑像,皆栩栩如生,妙相庄严。弥勒殿后是大雄宝殿,殿内供奉着"华严三圣",正中为释迦牟尼佛,左右为文殊、普贤两大菩萨。

据传,建造弥勒殿时,有人想偷走堆放着的檩条木材。每根檩条不太重,一个人可以随便搬动。但是,当小偷将檩条拉起来放到肩头时,立刻就肚子疼,并且眼前出现四面高墙,没有出口。小偷没法,只好放下木头,肚子立刻不痛了,高墙也不见了。

### 云南弥勒县弥勒寺传说

云南弥勒寺位于弥勒县城北十公里的翠屏山腰,寺庙周围森林密布，林荫流翠，寺前出一清泉，泉水泻玉。一面八米高、二十米宽的石壁上写有草书"飞云流霞"四个大字。匾额"弥勒寺"三字，为赵朴初题写。

弥勒寺名与弥勒县名的由来不同，意义各异。当年有一个部族首领的名字叫弥勒，汉时称其所在地为"弥勒部族"，唐宋以后称"弥勒州"，清代改制称"弥勒县"；弥勒寺则是因为寺内主要像设是弥勒佛像，并且有一则与布袋和尚相关的传说，因而得名。

弥勒寺始建于明天启六年(1626年)，传说那年有位叫如玉的僧人想募化一块地造寺弘法，一天晚上，他梦见大肚宽容、笑口常开的布袋弥勒对他说：

"城北翠屏山山青水绿，可辟伽蓝。"

如玉和尚依言去山主家里募捐，果然顺利募捐到了，可是上翠屏山一看，却发起呆来，原来满山都是石头，这地基可怎么打呀？如玉心急如焚，跪地求告弥勒菩萨：

"倘若此地能筑起道场，定当以菩萨佛号命名。"

祈祷毕没多久，翠屏山天崩地裂。烟尘过后，石山劈成半壁，壁下有一大块平地，足可造一座大寺院。

各地信众得知有此奇事，纷纷出资建寺，一座西南佛城由是问世。

## 日本七福神布袋和尚

日本古代有一习俗，就是春节前后几天，请七福神，祈求安乐祥和，福泽多多。有的在年三十那晚，将七福神图画垫在枕头下祈好梦，正月初一去寺庙礼拜七福神。七福神是日本神话中主持人间福德的七位神，布袋和尚是七福神之一。

中国奉化的布袋和尚怎么会是日本大和民族的福神呢？这里面有一段很长的因缘。

浙东名刹天童寺，是日本佛教曹洞宗的祖庭。日本曹洞宗的开山祖道元和尚（1200—1253）二十四岁时曾经渡海到明州，挂单天童寺。布袋和尚的传说一直在天童寺传诵，在他吃斋的斋堂的方丈位上还塑像留迹，道元心里便熟记了布袋和尚的许多传说，认定布袋和尚为弥勒转世。

一天，如净禅师入堂，见有僧人在坐禅时打瞌睡，便呵斥说："参禅者，只管身心脱落，只管打瞌睡作甚？"道元在一旁闻此语，豁然大悟："身心脱落"不就是布袋师说的"放下布袋何等自在"吗？于是他直奔方丈室向如净烧香礼拜。如净问其缘由，道元答道："身心脱落来。"

如净点头连说："身心脱落，脱落身心。"并立即收道元为弟子，让其受"佛祖正传之大戒"。

　　道元在天童寺参禅两年,于宝庆三年(1227年)拜别如净禅师回日本。回国前,道元恭敬地绘下斋堂上的布袋弥勒塑像,带回日本,朝夕供奉。日本民间得悉布袋和尚是未来佛弥勒菩萨的化身,于是把他尊为施乐施福的偶像礼拜。渐渐地,布袋和尚作为七福神之一,走进东瀛的千家万户。

# 三、布袋和尚传说的价值及意义

布袋和尚是一个极有传奇色彩的佛教人物，在他的身上聚集了中国儒、释、道三教一体的主要元素：他是一个人道主义者，以助人离苦得乐为宗旨；他是一个乐观主义者，万事往好处看，以社会和谐为己任；他是一个不折不扣的未来主义者，他信奉的那个世界叫『未来世界』，那里一片光明，美妙无比，他的慈愿就是希望世人都能生活在那样美好的世界上。所以，这个人物得到社会各界的普遍认可，有关他的传说，也由各个层面人们的不同喜好而各取所需，各具特色。

# 三、布袋和尚传说的价值及意义

　　布袋和尚是一个极有传奇色彩的佛教人物，在他的身上聚集了中国儒、释、道三教一体的主要元素：他是一个人道主义者，以助人离苦得乐为宗旨；他是一个乐观主义者，万事往好处看，以社会和谐为己任；他是一个不折不扣的未来主义者，他信奉的那个世界叫"未来世界"，那里一片光明，美妙无比，他的慈愿就是希望世人都能生活在那样美好的世界上。所以，这个人物得到社会各界的普遍认可，有关他的传说，也由各个层面人们的不同喜好而各取所需，各具特色。

## [壹]布袋和尚传说的价值

### 1. 文学价值

　　布袋和尚传说想象丰富、故事神奇、情节生动、语言通俗，塑造了一位宽容大度、乐观豁达、安闲自在的文学典型，具有独特的审美价值。

　　传说，作为艺术门类，作品一般以浪漫主义为主要特色，一个传奇式的佛教人物传说尤其如此。布袋和尚传说却是以写实为基础，从生活实际出发，有浓郁的生活气息。布袋和尚传说绝大部分与契此生活的社会背景和生活环境密切相关，除了"乡土系列"之外，"丛林系列"也不乏现实主义成分，即使是《布袋运木头》《口飞小鸡》一类含有神话成分的传说，也是从生活实际需要出发，加以丰富的想象，故布袋和尚传说听起来、看上去都笃实纯正，感人至深。

奉化民间文学爱好者历年搜集整理、发表在各级报刊的布袋和尚传说有百余则之多。

以布袋和尚传说为题材的专著有：《布袋和尚与弥勒文化》，王舜祈等编（宗教文化出版社出版）；《布袋和尚传奇》，王天苍著（远方出版社出版）；《人间弥勒》，王舜祁、夏明仁编（宁波出版社出版）；《布袋弥勒对联选》，林平海、卓厚瑶、卓瞻远等编（宁波出版社出版）。

由布袋和尚传说代表性传承人张嘉国搜集整理编纂的乡土资料《布袋和尚长汀子》于2015年3月结集成书，抢救了许多鲜为人知的珍贵资料。

### 2. 艺术价值

布袋和尚传说为各类文学艺术创作提供了丰富的资源。

（1）雕塑。

最早见于奉化大中岳林禅寺。宋崇宁三年（1104年），岳林寺住持悬振募集若干银两，在大雄宝殿正门中央雕塑了一尊布袋和尚的摹真像,座下方有"皆大欢喜"四个大字。此像后来成了国内大多数寺院山门正中坐姿佛像弥勒菩萨的蓝本。

杭州飞来峰石窟中的布袋和尚石刻,建于南宋,是杭州飞来峰最大的石像,也是现存最早的布袋和尚摹真石雕作品。

最有代表性的造像是奉化雪窦山露天弥勒大佛。这尊佛像位于雪窦山东麓,海拔369米,面向千山,背倚祥云,浑若未来佛在兜率陀天上俯瞰人间,为全球最高的铜铸坐姿佛像,于2008年11月8日(佛历二五五二年十月十一日)开光面世。大佛坐北朝南,佛面慈祥欢喜,大肚宽容雅量。布袋持于左手,与身形自然吻合,毫不做作。僧衣搭于两臂,此像虽袒胸露腹,仍不失庄严祥和。左手握布袋似提还放,右手握佛珠搁在膝盖上轮转不绝,左腿单盘,右腿屈立,宽大的左衣袖下掩左腿。佛像每一个细节都有深刻含意:宽大头颅,表示智慧无量;慈悲佛眼,表示慈心无尽;双耳垂肩,意蕴长命富贵、福慧具足;笑容可掬,表示施乐人间、欢喜无量;袒胸露腹,表示宽厚包容;左手提布袋,寓意提起来的是责任,放下去的是烦恼;右手握佛珠,表示把握未来、掌控乾坤;右腿屈立,表示弥勒菩萨在兜率陀天内院当来下生,"人人皆可成佛,成佛必在人间"。全身金光四溢,慈容灿烂,目光慈祥和蔼,形象是人,精神是佛,故称之为"人间弥勒"。

(2)中国画。

五子弥勒

弥勒

一对笑弥勒

迎客弥勒

雪窦山露天弥勒大佛

关于布袋和尚的绘画作品有很多，最早的画作是布袋和尚逝世后三年，奉化县令庐锡叫人画的，以请进县署供养，据说"风雨随至，祈祷殊有验"。

南宋梁楷的《布袋和尚图》神形兼备，现由上海博物馆珍藏。当代中国画大师

南宋梁楷作《布袋和尚图》

李可染的《布袋和尚图》是按照布袋和尚的偈语"行也布袋，坐也布袋，放下布袋，何等自在"主题创作的，笔法流畅，寓意深远，禅杖横挑布袋，袈裟迎风轻飘，佛面朝天，步履洒脱，一派大师风范。

（3）雕刻。

以布袋和尚为题材的雕刻作品比比皆是，有高达三米的木雕、根雕，也有雕刻在文房四宝及鼻烟壶之类文玩上的微型雕刻。古老的弥勒佛雕刻是中国佛教艺术中的瑰宝。雪窦寺弥勒殿的千尊弥勒、乐山大佛、新昌大佛寺大佛、雍和宫弥勒大佛木雕、扎什伦布寺

强巴佛等都是古今弥勒佛像艺术的杰作，吸引了千千万万的人去拜谒，促进了各地旅游业的发展。

　　奉化有两位专注于收藏布袋和尚雕刻作品的业余爱好者，其中一位是夏明仁先生，两位收藏的布袋和尚雕刻作品达千余件。

　　（4）戏曲、电视剧。

　　将布袋和尚传说引进戏曲艺术的有三部作品，一部是元代郑廷玉创作的《布袋和尚忍字记》（杂剧），一部是清代嵇永仁创作的《痴和尚街头笑布袋》（杂剧），还有一部是清代奉化副贡生孙埏创

布袋和尚传说深入人心，在奉化随处可见以布袋和尚为题材的艺术品

作的杂剧《锡六环》。

孙埏的《锡六环》，完稿于清雍正十年（1732年），传抄本又名《弥勒佛记》，原作二十六回，分上、下两卷。其情节按布袋和尚出家、修持至圆寂的顺序展开，是一部传记体的杂剧，把布袋和尚传说进行了传奇化处理。当然，戏曲与传说毕竟不同，各有其自身的起承转合特点，作为戏曲故事，作家会根据自身的体验对剧中人物内心活动及活动环境作更具感性的触摸。所以，《锡六环》中布袋和尚的形象与传说中的形象截然不同：先是谦谦君子，后经过刻苦磨砺，成长为如如佛子。途径虽然不同，归宿是一致的，就如杂剧"尾声"里的四句唱词所示："弥勒真身隐塔亭，六环锡杖有余灵。碧溪（孙埏号）演出天花落，借表当年布袋名。"

20世纪后期，中国台湾、香港地区有三部电视连续剧《布袋和尚》问世。其中一部达四十五集之多，包含了许多由传说生发的耐人寻味的警世故事，让观众看了"欢喜、宽心、笑口常开"。

2001年，在奉化市举行首届"弥勒文化节"期间，上演了僧侣歌舞《人间弥勒》。此后，奉化一年一度的"弥勒文化节"成为重要的盛会。该品牌文化节延续至今，并荣膺"全国十佳节庆活动"称号。

一年一届的中国（奉化）雪窦山弥勒文化节

### 3. 佛学价值

布袋和尚传说为佛学作出了简明扼要的科学解读。作为"未来佛"的传说，布袋和尚传说并没有停留在一般意义上的"出神入化"，它体现了未来佛国掌门人的内在潜质——人间佛教。在布袋和尚传说中，我们不难看出中国佛教与别地佛教的明显区别。布袋和尚看上去疯疯癫癫，言行无常，实际上他无时无刻不在宣示"佛在人间，佛在心中"这个理念，最后留下偈语飘然而逝，也是在提醒后世：未来是无限的光明正大！

自佛教传入中国以后，人们对于未来佛的信仰、崇拜越来越虔诚，越来越热切。中国近代佛学泰斗太虚法师于1932年至1946年出任雪窦寺方丈，首次提议把雪窦山、雪窦寺列入五大名山，定为弥勒道场。1934年出版的佛学辞典曾记载："近有人提议于佛教四大名山外加雪窦弥勒道场，为五大名山。"1987年重修雪窦寺期间，时任中国佛教协会会长赵朴初莅临视察，赞同此说，并建议重建中的雪窦寺应增加一座其他寺院所没有的弥勒宝殿，以凸显弥勒道场的地位。2005年，在全国基本停批建造露天大佛的情况下，国家宗教事务局考虑到奉化布袋和尚与弥勒信仰的特殊关系，特批在雪窦山建造高五十七米的露天坐姿弥勒大佛。

随着布袋和尚传说与人间佛教的理念深入人心，信众们的行为举止亦相应"弥勒"化：宽容大度、仁爱慈悲。这种精神，正是我们创建和谐社会的一大主流。毋庸置疑，布袋和尚精神，在提高雪窦山弥勒道场文化内涵、提升弥勒信仰人格魅力、广结弥勒因缘等方面具有润物细无声的影响。

遍布神州大地的弥勒殿内大多有相关对联，对联内容无不与布袋和尚传说有关。

北京潭柘寺弥勒殿有联曰："布袋全空容甚物，跏坐半空笑何人？"

上海市宝山区净寺弥勒佛座前联曰："佛前都是有缘人，相亲相近，怎不满腹欢喜；世间尽多难耐事，自作自受，何妨大肚包容？"

宁夏德阳万佛寺弥勒阁有联曰："袒腹笑容摄海众，分身散影示时人。"

澳门弥勒佛殿联曰："人人大肚皆为我，事事宽心不管他。"

台湾基隆十方大觉寺弥勒殿有联曰："拾级同登，个里风光当下认；入门一笑，本来面目自家知。"

放眼国外，日本长崎分紫山福济寺弥勒阁有联曰："开门八字，是圣是凡任凭来往；分片云紫，盖天盖地自在卷舒。"

### 4. 历史价值

布袋和尚传说反映了佛教中国化历史的一个侧面和唐末五代时期奉化的历史风貌、民情民俗，传说演变的过程与历史变革同步，其乡土特色浓厚，时代印记清晰，对于我们了解佛教文化、奉化历史，具有认识价值。

### 5. 教育价值

布袋和尚传说中有许多扶贫济困、抑恶扬善、智破难题的故事，特别是忍让为先、助人为乐的内容，给人们如何处世待人以很多有益的启示。布袋和尚的精神和理念，对于正在着力构建和谐社会的今天，具有更为现实的认知价值。

## [贰]布袋和尚传说的意义

### 1. 增进两岸文化交流

在中国台湾地区，弥勒信仰盛行，弥勒信徒众多，到奉化朝拜弥勒菩萨的人每年数以万计，布袋和尚传说日益成为推动海峡两岸文化交流的重要内容。

台湾高雄妙通寺方丈传闻法师于1985年拜谒雪窦寺，为重建雪窦寺弥勒宝殿、法堂，捐助美金85.45万元、人民币13万元、台币100万元，捐赠禅被1640条。1989年10月15日，他率领台湾佛教参观团一行一百零二人到雪窦寺参访；同年10月27日，又带领台湾佛教旅游团一行六十五人前来雪窦寺朝拜。1993年6月3日，带领监院传敦法师一行六十七人前来雪窦寺进香。2005年6月6日，率领两序大众光临雪窦寺。

1995年，雪窦寺住持月照率僧团访问台湾，蒋纬国先生两次接待月照法师。

2008年11月8日，台湾佛光开山宗师星云应邀出席雪窦山露天弥勒大佛开光大典，并作了热情洋溢的致辞，其中一段把布袋和尚的逝世偈解读得淋漓尽致。他说："这个弥勒菩萨有千百亿的化身，他化身千百亿啊，可以说到处都是弥勒。你们今天有缘能到这里来，都是弥勒的关系。希望今天大家在此地结缘之后，能把弥勒佛的慈悲——他名字叫慈氏啊——带回去。人生什么都可以缺少，但不能

星云大师在弥勒文化节上

布袋和尚传讲活动

缺少慈悲。弥勒菩萨给了我们慈悲，我们要学习。"

## 2. 丰富各地旅游文化

在中国，凡是有弥勒传说的地方，都是最佳的旅游去处。布袋和尚是奉化打造旅游城区的一大名片，根据布袋和尚是弥勒化身的传说，雪窦山雪窦寺、奉城岳林寺得以重建，露天弥勒大佛及中国南方规制最大的雪窦山大慈佛国得以问世。

在2008年中国（奉化）雪窦山弥勒文化节暨雪窦弥勒大佛开光庆典期间，普陀山、五台山、峨眉山、九华山等四大佛教名山风景区

奉化城区的弥勒大道

管理委员会代表与奉化代表共聚一堂，签订了五大名山旅游合作协议。与会的佛教名山风景区代表共同签署并宣读了《中国佛教文化旅游可持续发展——雪窦山宣言》。这是佛教五大名山的第一次携手合作，对雪窦山跻身五大名山具有深远意义。2016年8月30日，中央电视台播出了宁波旅游推介片，在播放雪窦山露天弥勒大佛镜头时，打上了"佛教五大名山·奉化雪窦山"的字幕，这是"佛教五大名山·奉化雪窦山"首次以文字形式亮相央视。

# 四、布袋和尚传说的保护和传承

弥勒文化的兴盛，对改善人心，和谐社会，建立人间净土和建立现代佛教的理论体系，乃至对现实世界的关怀、未来世界的引导，都有重要意义。

# 四、布袋和尚传说的保护和传承

## [壹]布袋和尚传说的保护

　　早在东晋时弥勒信仰就由印度传入中国，并影响日广。传说西天佛国与阎浮提（指人间）之间有一块净土，是未来佛弥勒菩萨的说法处，故称"弥勒净土"。一个人只要发愿往生弥勒净土，就会见到弥勒菩萨，长长久久地过上美好无比的生活。南北朝时期的傅大

历代奉化县志书影

864　第二十七编　人　物

## 布袋和尚

布袋和尚(?~917)，名契此，幼孤，唐僖宗间流落奉化长汀，村民张某养为义子。及长，信佛甚笃，自号长汀子，出家岳林寺。体态肥胖，大腹袒露，笑口常开，和蔼可亲。出寺必杖荷布袋，随处寝卧，出语无定，形如疯癫。饮食不论鱼肉荤素，所至酒肆，皆恣饮啖，吃剩食物，辄投入布袋。常作歌道："我有一布袋，虚空无挂碍，展开遍十方，入时观自在。"人称"布袋和尚"。

平生好学，善吟咏，每以偈语与人交谈。见农人插秧，即作歌云："手捏青苗种福田，低头便见水中天，六根清净方成稻，退后原来是向前。"常说："趋利求名空自忙，利名二字陷人坑，疾颁返照娘生面，一片灵心是觉王。"善预测天气，并以形象示人：若着湿草鞋急走，预示天将下雨；穿高齿木屐，竖膝卧桥上，便是天气转晴。为建造岳林寺大雄宝殿，千佛阁、钟楼等，曾远去福建募化杉木。

917 年(后梁贞明三年)农历三月三日，布袋和尚坐岳林寺东廊石上，作《辞世偈》道："弥勒真弥勒，化身千百亿，时时示时人，时人自不识。"偈毕圆寂。葬城北里许之封山。自此，世人遂以为弥勒化身，塑像供奉，岳林寺因称弥勒道场。宋仁宗累赐赐御制书札。1098 年(元符元年)赐号"定应大师"。宋《高僧传》有其传。嗣后，国内佛寺多供奉大肚弥勒。在日本被奉为"七福神"之一。

## 萧世显

萧世显(？~1022)，字道夫，江苏沛县人。1018 年(北宋天禧二年)任奉化县令。廉公节俭，抚字心劳，深得民望。1021 年境内大旱，亲赴灾区，巡行田间，教民筑堤拦水抗旱。至长寿乡，率民开凿长渠 5 里，引剡江之水溉田，获较好收成。次年旱且蝗害，又至灾区巡视，带领百姓捕蝗。行至长寿、禽孝两乡界(今萧王庙镇)，中风猝逝。民不忘其德，1042 年(庆历二年)在界岭立祠，塑像祀之。1252 年(淳祐十二年)钦赐庙额"灵应"。1361 年(元至正二十一年)追封绥宁王。后人遂称庙为"萧王庙"，并以此命名其地。

## 林　逋

林逋(967~1028)，字君复，大里黄贤村(今属杨村乡)人，父早亡，刻苦好学，通晓经史百家。性孤高自好，喜恬淡，勿趋荣利，自谓："然吾志之所适，非室家也，

《奉化市志》中关于布袋和尚的记载

士曾经想利用"弥勒化身"的身份劝化众生离苦得乐，可惜太过功利化，曾被统治者怀疑聚众造反而身陷囹圄。

　　大唐玄奘大师也是位弥勒信仰的至诚者，他曾绘观自在菩萨、弥勒菩萨像各一千帧，以结善缘。唐太宗李世民时期，他是偷偷溜出玉门关去印度留学的僧人，在艰苦卓绝的取经路上，对弥勒菩萨的至诚信仰是激励他克服一切险阻、战胜一切磨难的重要精神支柱。据《大慈恩寺三藏法师传》记载，大师西出玉门关时，苦于无人引路，便到附近寺院的弥勒像前启请，愿得一人相引渡关，后果然得一胡僧相助渡过险关。又在天竺境内，从阿逾陀国，沿殑伽河到阿邦穆佉国途中遭河贼拦截，被捆绑在大树下，周围堆满干柴，拿他作为牲礼祭天。面临死亡，大师镇定自若，专心观想弥勒菩萨，并默念："愿得生徒，恭敬供养，受《瑜伽师地论》，听闻妙法，成就通慧，还来下生，教化此人。"作此想时，天象骤变，黑风呼啸，飞沙走石，河流浪涌，船舫倾覆。众河贼见状惊怖不已，以为天神动怒，遂向玄奘忏悔谢罪，稽首皈依。唐僧回国后，依经译出《赞礼弥勒慈尊四礼文》，其第一首云：

　　　　诸佛同证无为体，真如理实本无缘。

　　　　为诱诸天现兜率，其犹幻土示众形。

　　　　元无人马迷将有，违者知幻未曾然。

佛身本净皆如是，愚夫不了谓同凡。

知佛无来见真佛，于兹必得永长欢。

故我顶礼弥勒佛，唯愿慈尊度有情。

愿共诸众生，上生兜率天，奉见弥勒佛。

不过那时人们心中的弥勒菩萨是冠庄弥勒，即四川乐山大佛、新昌大佛寺石雕像那种模式，弥勒信仰也仅局限在僧侣圈中。

布袋和尚为弥勒化身的传说广为流传以后，也即五代以后，弥勒形象渐被布袋形象替代，称作"人间弥勒"，弥勒信仰也在民间流行，不再是寺院的专利了。

民国时期，佛学泰斗太虚大师在雪窦寺身体力行，种下了打造第五大名山弥勒道场的种子；20世纪80年代，高僧广德法师在雪窦寺兴建弥勒宝

《岳林寺志》封面

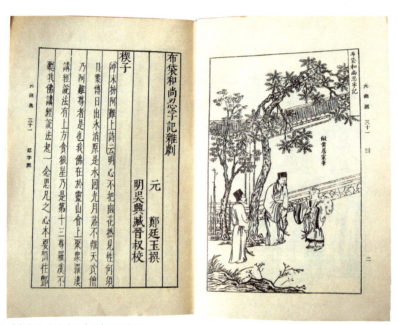

《布袋和尚忍字记》（杂剧）内页

殿，敲响了兜率陀天宫的第一声梵钟；怡藏法师住持雪窦寺以后，秉承前二位住持的宏愿，经过二十余年不懈的努力，奠定了奉化为弥勒信仰中心的地位。

　　2008年11月，世界上最高的露天坐姿弥勒大佛问世。这尊大佛是根据弥勒菩萨大慈精神和布袋和尚形象，汲取南朝以来中国化弥勒的造型特点，结合现阶段社会的审美观念精心打造的。佛像总高56.74米，表示身居补处兜率陀天宫的弥勒菩萨将于释迦牟尼入灭五十六亿七千四百万年后下生人间成佛。莲花座高九米，由五十六朵莲花组成，表示布袋和尚九月初九出世，暗喻中华民族大家庭五十六个不同民族和谐共荣。弥勒大佛满面笑容，表示慈心无尽——大慈是弥勒菩萨的本愿，据说还在娘胎里的时候他就让泼辣的妈妈变得通情达理、和蔼可亲。为了施乐人间，菩萨总是笑口常开、欢喜无量；为了善待众生，菩萨一直忍辱宽容，唯慈为相。

大佛出，雪山活。雪窦山弥勒大佛与当地自然、社会、人文环境相协调，与佛教教义相符合，与广大信众愿望相契合，是弥勒造像中的一尊传世精品。

与露天大佛相应的还有大慈佛国。大慈佛国中轴线总长3000米，以三学桥为门槛，南面1500米与千丈岩景区相辅相成，北面1500米依次是佛国门楼、大山门、大慈摩尼之殿、龙华广场、未来大道、六天人供养台、金莲花基座、明觉祖师《颂古百则》碑廊等。一路建筑恢宏，装饰精美，檀香袅袅，步步有景，让人感受到弥勒道场的庄重、祥和与曼妙。

## [贰]布袋和尚传说的传承

### 1. 布袋和尚传说的传承谱系

布袋和尚传说，在奉化通过口耳相传的方式代代流传。农闲休息、桥头纳凉、节庆聚会是其传承的主要场合。由于传承是扩散性的、网状的、交叉的、互动的，所以并没有明晰的传承谱系。根据最近调查，传承人的情况大致如下表：

| 姓　名 | 性别 | 出生年代 | 文化程度 | 传承方式 | 居住地址 |
|---|---|---|---|---|---|
| 张汝平 | 男 | 明洪武元年（1368年） | | 口头 | 奉化长汀村 |
| 张子贤 | 男 | 明嘉靖九年（1530年） | | 口头 | 奉化长汀村 |
| 张尚友 | 男 | 明万历十三年（1585）年 | | 口头 | 奉化长汀村 |
| 张天瑞 | 男 | 清康熙八年（1669年） | | 口头 | 奉化长汀村 |
| 张德川 | 男 | 清乾隆三十一年（1766年） | | 口头 | 奉化长汀村 |
| 张正际 | 男 | 清同治八年（1869年） | | 口头 | 奉化长汀村 |
| 张辅镰 | 男 | 清光绪二十七年（1901年） | | 口头 | 奉化长汀村 |
| 张嘉国 | 男 | 1942年 | 中学 | 口头 | 奉化长汀村 |
| 张善国 | 男 | 1943年 | 高中 | 口头 | 奉化长汀村 |
| 卓厚瑶 | 男 | 1939年 | 大专 | 口头 | 奉化茗山路 |
| 裘世良 | 男 | 1930年 | 初中 | 口头 | 奉化裘村镇 |
| 应旗立 | 男 | 1976年 | 大学 | 口头 | 奉化九龙村 |

（续表）

| 姓　名 | 性别 | 出生年代 | 文化程度 | 传承方式 | 居住地址 |
|---|---|---|---|---|---|
| 何崇校 | 男 | 1941年 | 大学 | 口头 | 奉化江口街道 |
| 印运烨 | 男 | 1943年 | 高中 | 口头 | 奉化裘村镇 |
| 裘国松 | 男 | 1963年 | 大专 | 文字 | 奉化裘村镇 |
| 王月曦 | 女 | 1941年 | 大学 | 文字 | 奉化东门路 |
| 竺家惠 | 男 | 1942年 | 大专 | 文字 | 奉化后竺村 |
| 王天苍 | 男 | 1943年 | 大专 | 文字 | 奉化中塔路 |
| 王舜祁 | 男 | 1930年 | 大学 | 文字 | 奉化庄山路 |
| 夏明仁 | 男 | 1950年 | 大学 | 文字 | 奉化阳光茗都 |

代表性传承人：

张嘉国，男，1942年出生，奉化长汀村（布袋和尚传说发生地）人，为布袋和尚传说主要口头传承人。2010年获浙江省非物质文化遗产代表性传承人称号；目前正在积极申报国家级传承人。

王舜祁，男，1930年出生，奉化尚田葛岙人，是以文字为传承方式的布袋和尚传说传承人。

夏明仁，男，1950年出生，奉化畸山人，是以文字为传承方式的布袋和尚传说传承人。

### 2. 布袋和尚传说的研究与发展

弥勒菩萨上生经告诉人们：等到未来佛下生来到我们人类的生存空间娑婆世界时，所有众生都将受到莫大的恩惠：天下太平，五谷丰登；人民生活富庶安乐，健康长寿，并且命终后可以脱离生死轮回，上生极乐世界。这不是人类孜孜以求的理想社会吗？弥勒佛信仰的未来性对一般信众具有相当大的吸引力，不管上生信仰还是下生信仰都是一种美好的期盼，激励着现代人去更好地生活，展望美好的明天。

奉化布袋和尚成为佛教中国化、民族化、民俗化相结合的成功范例之后，其影响日益深远。许多寺庙在天王殿里供奉的奉化大肚笑颜的布袋弥勒，其憨态可掬的形象可亲可近。而那副"大肚能容，容天下难容之事；开口便笑，笑世上可笑之人"的楹联，更是一针见血地指出了世人的痴迷和愚蠢，这副楹联富有积极的教育意义，令人深省。

奉化的大肚布袋弥勒，已经成了中国佛教的象征，不仅传到了东亚各国，近代又影响到欧美国家。所以，现在不管是在东南亚国家还是在欧美国家，都可以见到他那笑容可掬的形象。在日本，弥勒佛作为"七福神"之一而受到民间喜爱，被称为"知足快乐之神"。在岳林寺重建过程中，不断有日本佛教信徒来奉化寻访弥勒道场，敬香礼佛。

奉化是布袋和尚的出生地，他的足迹遍及奉化山山水水，奉化境内流传的布袋和尚传说连篇累牍。千百年来，想把这些传说故事加以艺术体现的代不乏人，从佛家宝卷、工艺雕塑到民间绘画，从元、明、清杂剧到现代电视连续剧。改革开放以后，已经写过或正在动手操作相关作品的作家、媒体更是不胜枚举。太虚大师曾经提倡把奉化雪窦山雪窦寺打造为"国际丛林"，以吸纳世界各国宗教人士，共同探讨佛学真谛。

千流归海，弥勒信仰的"海"便是布袋和尚传说中那个永不离身、取之不尽、用之不竭、烧不毁、夺不走的"布袋"！

布袋和尚以普通人的特质展示世人，让人们相信觉悟（即佛）不是遥不可及的概念，只要心中有佛，便唾手可得，这是"人间佛教"的核心，唯其如此，才能体现佛教的博大精深。布袋和尚传说对弥勒净土的弘扬有着水涨船高的作用。弥勒文化的兴盛，对改善人心，和谐社会，建立人间净土和现代佛教的理论体系，乃至对现实世界的关怀、未来世界的引导，都有重要意义。布袋和尚是弥勒文化的主干，其包容性具有团结一切宗教派系乃至整个社会体系的潜力，所以布袋和尚传说会遍涉中国，波及世界。

### 3. 布袋和尚传说的保护措施

布袋和尚传说是奉化的一笔宝贵的非物质文化遗产，开发、保护好这笔遗产是奉化人民的共同心愿。

**（1）保护措施**

　　召开学术研讨会。2000年，奉化市与中国社会科学院世界宗教研究所联合举办首届中国（布袋）弥勒文化学术研讨会。2007年，奉化市与南京大学联合举办第二届中国（布袋）弥勒文化学术研讨会。两次会议，有二百多位国内外专家学者、高僧大德参加，收到论文六十多篇。

布袋和尚传说代表性传承人张嘉国（图中）利用空闲时间，为大众传讲

成立研究机构。2007年，先后成立奉化弥勒文化研究会和奉化弥勒艺术协会，对布袋和尚传说进行系统、全面的搜集、整理、研究和挽救。

举办节庆活动。2000年，奉化市政府举办奉化弥勒文化旅游节，先后有十万人参加。2007年，奉化市政府组团赴我国香港特别行政区举行弥勒大佛建造项目情况推介会，香港特别行政区各界人士近二百人参加，二十二家新闻媒体对此作了报道。每年一届的弥勒文化节成为最重要的节庆活动载体。

组织出版书刊。已陆续出版的书刊有《布袋和尚传奇》《弥勒文化与和谐社会》《人间弥勒》《弥勒圣地》等，还有地方文献资料《布袋和尚与弥勒文化》《布袋和尚感应故事》，以及弥勒文化研究会会刊《人间弥勒》等。

征联。自1993年至2009年，奉化诗词楹联学会曾两次开展"雪窦寺弥勒宝殿""雪窦山大慈佛国"全国征联活动，收到各地楹联作品三百余件。

放映电视剧。由我国台湾地区拍摄的电视连续剧《布袋和尚》在多家电视台播放，同时，还制作了一批有关布袋和尚传说的音像制品进行宣传。

培养传承队伍。多次召集长汀村村民、民间艺人、业余作者开会研讨，明确要求，提出任务，调动他们传承布袋和尚传说的积极性。目前已有布袋和尚传说故事百余则，发表在报刊的文章数百篇。市内有一支实力较强的传承队伍。

修复保护遗存。改革开放以来，先后重建岳林寺、雪窦寺弥勒宝殿、中塔寺、长汀弥勒殿、布袋和尚真身舍利塔（即中塔）等大型佛教活动场所和中小型纪念遗址二十余处。

弥勒大佛形象

## （2）宣传展示

2000年，筹款30万元，举办首届中国（布袋）弥勒文化学术研讨会。

2000年，筹款50万元，举行奉化（布袋）弥勒文化旅游节。

2002年，筹款80万元，在岳林广场建造布袋和尚传说花岗岩群雕。

2007年，筹款70万元，举办第二届中国（布袋）弥勒文化学术研讨会。

从2001年开始，累计投入200万元，用于挽救、搜集、整理、研究和出版布袋和尚传说，传播布袋弥勒文化。

每年一届的奉化雪窦山弥勒文化节成为奉化重要节庆活动，积极推动布袋和尚传说的保护和传承工作。

鼓励文艺家编剧创作有关布袋和尚传说的文艺作品，长篇小说《布袋和尚传奇》、动画片《布袋小和尚》、宁波走书《弥勒送桃》等为传说的推广做出了贡献。

建设保护基地。建立布袋和尚文化艺术馆，负责搜集、研究与布袋和尚传说相关的物质和非物质形态的文化遗产，宣传、展示布袋和尚传说的文化内涵，发挥布袋和尚传说的社会价值和现实作用。

### (3) 保护计划

制订布袋和尚传说五年保护计划。此计划由奉化市文化广电新闻出版局负责组织实施,奉化市非物质文化遗产保护领导小组负责管理、督导,并接受浙江省、宁波市两级非物质文化遗产保护领导小组和文化厅(局)的指导、检查和督促。保护计划要点如下:

深入调查研究。要进一步开展调查研究工作,摸清布袋和尚传说发生、发展的历史沿革、故事篇目、传讲人才、传播区域、艺术价值等情况。

全面汇编资料。对布袋和尚传说的所有相关资料进行全面整理、汇编、存档。资料要保持口头文学形式和民间性特色,褪去过浓的宗教色彩,保存原生态下的文化遗产。

发展传讲队伍。组织奉化弥勒文化研究会人员和专业干部、业余作者对民间口耳相传的布袋和尚传说进行录音、录像和文字记录。要认定、命名和保护传讲人员,成立民间说书形式的布袋和尚传说传讲队,不断提高传讲艺术档次。

加强宣传传播。编辑、出版全面反映布袋和尚传说的书籍、研究文集等,建立弥勒文化网站,创作动漫形象,拍摄电视连续剧。调动民间传讲员的积极性,在学校和社区中开展传讲。发挥弥勒艺术协会作用,加速文化产业化发展。

　　构建和谐社会，是国家提出科学发展观之后的又一个战略决策。在中国儒、释、道三家优秀的传统文化中都有丰富的资源，而其中佛教的弥勒文化尤为突出。

　　弥勒文化的核心是一个"慈"字，佛经对"慈"字的解释是"最大的爱"，"慈"文化带给每个人光明、快乐、自在，带给每个家庭幸福、美满、安康，带给社会繁荣、安宁、和睦，带给国家富强进步、国泰民安，带给整个世界永久和平、高度文明。这些与建设社会主义和谐社会的目标完全一致。

　　布袋和尚传说已经列入国家级非物质文化遗产名录，相信它必将与中华民族一切优秀传统文化一样，鲜活永久，传承永远。

# 附录

**奉川长汀张氏宗谱中的《义祖弥勒佛传》**

我义祖弥勒佛，自号长汀子……以唐末僖宗朝现身四明，其传曰：弥勒真弥勒，化身千百亿……化作三尺童子，衣缁衣坐我张氏门首。我祖奇其状，养为义子，此长汀子所由名也。比长，一心念佛，出家今岳林……自是出入山门近境。时闲步大桥，喜着木屐，及随带锡杖、数珠与钵，每有十八童子前后驰逐之，拖移木屐，遽弄数珠及钵，并相抬锡杖而或以此秋千之，以是取乐焉……常言大桥下水可以作酒，邑人得其滋味，名为佛水。乃后施主争请赴斋，奚啻百余家，一日间诸筵中并存其身。而又见其寺中建造，又见其披一布袋出温州募化杉木，纳袋中未满而山光千亩，但令人向寺内井中取之不竭，众益惊异，以为真化身之百亿者也。遂舍工助粮，合构大寺，极壮丽。又东游海滨，顾瞻坦涂，囊沙成塘，得田二千余亩，供给僧徒。追后功成，依旧返天于南畔封山，指点隐迹，命徒蒋摩诃立碑：布袋和尚长汀子也。

**部分书刊登载的布袋和尚传说**

| 标题 | 发表书刊 | 整理者 | 发表时间 |
|---|---|---|---|
| 布袋和尚与岳林寺 | 《浙江省民间文学丛刊宁波地区专辑》 | 方林泉 | 1982.6 |
| 布袋和尚与岳林寺 | 《浙江风物传说丛书·宁波篇·镇蟒塔》 | 方林泉 | 1987.5 |
| 布袋和尚种田 | 《中国民间文学集成·浙江省奉化市故事卷》 | 印运华 | 1989.7 |
| 出家岳林寺 | 《中国民间文学集成·浙江省奉化市故事卷》 | 印运华 | 1989.7 |
| 布袋和尚与摩诃 | 《中国民间文学集成·浙江省奉化市故事卷》 | 印运华 | 1989.7 |
| 布袋和尚云游天童留趣联 | 《中国楹联报》 | 卓厚瑶 | 1989.10 |
| 布袋和尚和天化寺 | 《雪窦山》1994年第三期 | 裘国松 | 1994.8 |
| 眯眯和尚和鲁班斗法 | 《雪窦山》1995年第三期 | 尹维忠 | 1995.8 |
| 弥勒佛的耳朵 | 《雪窦山》1995年第三期 | 卓厚瑶 | 1995.8 |
| 布袋和尚与弥勒文化 | 《奉化日报》 | 王舜祁 | 2000.6 |
| 布袋和尚传说 | 《布袋和尚与弥勒文化》 | 冯 通 | 2003.4 |
| 布袋和尚趣谈 | 《布袋和尚与弥勒文化》 | 裘国松 | 2003.4 |
| 布袋和尚传说拾遗 | 《布袋和尚与弥勒文化》 | 王月曦 | 2003.4 |
| 布袋和尚的故事 | 《布袋和尚与弥勒文化》 | 冯 华 | 2003.4 |
| 布袋和尚的传说 | 《奉化日报》 | 卓厚瑶 | 2004.7 |
| 从布袋和尚到中国的弥勒佛 | 《宁波通讯》 | 王舜祁 | 2004.11 |
| 布袋和尚巧改春联 | 《奉化日报》 | 卓厚瑶 | 2007.3 |

（续表）

| 标题 | 发表书刊 | 整理者 | 发表时间 |
|---|---|---|---|
| 布袋三谜 | 《奉化日报》 | 沈国民 | 2007.6 |
| 布袋和尚传说·漂流县江 | 《人间弥勒》第一期 | 王舜祁 | 2007.9 |
| 布袋和尚传说·岳林剃度 | 《人间弥勒》第一期 | 王舜祁 | 2007.9 |
| 布袋和尚传说·布袋记趣 | 《人间弥勒》第一期 | 王舜祁 | 2007.9 |
| 布袋和尚传说·洪郎潭学佛 | 《人间弥勒》第二期 | 王月曦 | 2007.12 |
| 布袋和尚传说·岳林寺出家 | 《人间弥勒》第二期 | 王月曦 | 2007.12 |
| 布袋和尚传说·雪窦寺讲经 | 《人间弥勒》第二期 | 王月曦 | 2007.12 |
| 布袋和尚传说·狮子口救饥荒 | 《人间弥勒》第三期 | 卓厚瑶 | 2008.6 |
| 布袋和尚传说·小西天引泉水 | 《人间弥勒》第三期 | 卓厚瑶 | 2008.6 |
| 布袋和尚传说·天童寺破惯例 | 《人间弥勒》第三期 | 卓厚瑶 | 2008.6 |
| 布袋和尚传说·挂单天华寺 | 《人间弥勒》第四期 | 裘国松 | 2008.12 |
| 布袋和尚传说·留守岳林庄 | 《人间弥勒》第四期 | 裘国松 | 2008.12 |
| 布袋和尚传说·点化旗螺山 | 《人间弥勒》第四期 | 裘国松 | 2008.12 |
| 布袋和尚传说·契此种田 | 《人间弥勒》第五期 | 印运烨 | 2009.1 |
| 布袋和尚传说·井中取木 | 《人间弥勒》第五期 | 印运烨 | 2009.1 |
| 布袋和尚传说·师徒情深 | 《人间弥勒》第五期 | 印运烨 | 2009.1 |

# 主要参考文献

1. （北宋）赞宁著，《宋高僧传》卷二十一"唐明州奉化县契此传"（成书于988年）。

2. （北宋）道原著，《景德传灯录》卷二十七"布袋和尚传"（成书于1004年）。

3. （南宋）志磐著，《佛祖统纪》卷四十二（成书于1258—1269年）。

4. （南宋）普济著，《五灯会元》。

5. （元）华亭念常著，《佛祖历代通载》卷十七"布袋和尚传"（成书于1341年以前）。

6. （元）觉岸著，《释氏稽古略》卷三（成书于1354年）。

7. （元）佚名著，《神僧传》（成书于1354年）。

8. （元）昙噩著，《定应大师布袋和尚传》（成书于1286—1366年）。

9. （明）广和著，《布袋和尚后序》。

10. （明）田汝成著，《西湖游览志余》。

11. （清）《雍正浙江通志》卷一九九"布袋和尚传"。

12.（清）《雍正宁波府志》"布袋和尚传"。

13.（清）《乾隆奉化县志》卷七。

14.（清）《岳林寺志》卷三。

15.《辞海》，上海辞书出版社，1999年版第434页。

16.《奉化市志》，中华书局，1994年版第864页。

17.《中国民间文学集成·奉化卷》，王月仙主编。

18.《新修雪窦寺志》，王增高主编。

19.《布袋和尚长汀子》，张嘉国编。

20.《布袋和尚传说》，夏明仁编。

21.《人间弥勒》，王舜祁、夏明仁编。

# 后记

　　宽容大度，和谐和乐，是布袋和尚传说的精神要旨。这种精神，既是我编著这部专著的动力和方向，也是几经跌宕终于完稿的契合点。

　　从该项目申报国家级非物质文化遗产名录成功到此书完稿付梓，前后达十余年，中间有多少人搜集资料、提供议题、整理文本；有多少个传说被刊发转载、重新认知，已经无法列举。总之，本书是集布袋和尚传说传承者、弥勒文化传播者的劳动成果和智慧结晶的大成，希望它的出版能令所有为此付出过心血的同仁们满心欢喜。

　　此书部分章节引用了奉化文化局原副局长方林泉先生撰写的布袋和尚传说申报非遗项目时的电子文本原文及资料图片，文化馆现任创作干部、中国作家协会会员陈伟军先生在书稿后期处理及校对方面做了大量案头工作，在此谨表衷心感谢！

作者

责任编辑：唐念慈

装帧设计：薛　蔚

责任校对：王　莉

责任印制：朱圣学


装帧顾问：张　望

图片提供：方林泉


**图书在版编目（ＣＩＰ）数据**

布袋和尚传说 / 周剑军，何飞主编；王月曦编著
. -- 杭州：浙江摄影出版社，2016.12（2023.1重印）
（浙江省非物质文化遗产代表作丛书 / 金兴盛总主
编）

ISBN 978-7-5514-1652-8

Ⅰ.①布… Ⅱ.①周… ②何… ③王… Ⅲ.①布袋和
尚—生平事迹 Ⅳ.①B949.92

中国版本图书馆CIP数据核字(2016)第311771号

## 布袋和尚传说

### 周剑军　何飞　主编　王月曦　编著

全国百佳图书出版单位
浙江摄影出版社出版发行
　　地址：杭州市体育场路347号
　　邮编：310006
　　网址：www.photo.zjcb.com
制版：浙江新华图文制作有限公司
印刷：廊坊市印艺阁数字科技有限公司
开本：960mm×1270mm　1/32
印张：5
2016年12月第1版　　2023年1月第2次印刷
ISBN 978-7-5514-1652-8
定价：40.00元